图书馆新媒体营销概论

李 楠 著

中国商务出版社

图书在版编目（CIP）数据

图书馆新媒体营销概论 / 李楠著. —北京：中国商务出版社，2021.4（2023.8重印）
ISBN 978-7-5103-3757-4

Ⅰ. ①图… Ⅱ. ①李… Ⅲ. ①图书馆－网络营销－研究 Ⅳ. ①G250.15

中国版本图书馆 CIP 数据核字（2021）第 052618 号

图书馆新媒体营销概论
TUSHUGUAN XINMEITI YINGXIAO GAILUN
李楠 著

出版发行：中国商务出版社
社　　址：北京市东城区安定门外大街东后巷 28 号　　邮　　编：100710
责任部门：职业教育事业部（010-64218072　295402859@qq.com）
网　　址：http://www.cctpress.com
电　　话：010-64212247（总编室）　010-64218072（事业部）
　　　　　010-64208388（发行部）　010-64515137（事业部）
排　　版：北京凯能特教育科技有限公司
印　　刷：河北赛文印刷有限公司
开　　本：787 毫米×1092 毫米　1/16
印　　张：13.75
版　　次：2021 年 11 月第 1 版　　印　　次：2023 年 8 月第 2 次印刷
字　　数：198 千字　　定　　价：68.00 元

前　言

这是一个日新月异的时代，随着网络技术的不断成熟，信息的传播与交互方式发生了翻天覆地的变化，这个变化不仅改变了人们的阅读与交流习惯，还引发了传媒产业一场前所未有的大变局。进入网络时代后，信息的解构、重组、分发变得更加容易，传播速度更快、传播成本也更低，因此，信息源变得越来越分散。在这种情况下，原来以主流媒体为核心的集中式信息分发体系开始弱化，舆论主阵地慢慢由传统的电视、报纸转向互联网。

近两年，在移动互联网大潮的推动下，传媒产业新一轮变革又强势来袭，大有重新洗牌之势。而在所有新趋势中，信息权力的进一步下放最为惊心动魄，因为它不仅意味着传统媒体的继续弱化，更预示着旧有信息垄断体系的瓦解，我们将迎来一个全新的时代——人人皆媒体。每个人既可以接收信息，又可以传播信息，在不知不觉中，每个人都变成了媒体。在物联网时代，个人的媒体属性越加凸显，门户网站、科技博客、垂直社区、微信、微博、各种各样的 App……这些新媒体，在不知不觉中改变了我们的工作、生活甚至思想。毫无疑问，移动互联网已经渗透到了我们工作、生活的方方面面。

从 2012 年开始，新媒体经历了移动互联、媒介融合、视频发展到洗牌大变革的多个阶段，移动化、互动化、体验化、个性化、定制化的通信技术，线上线下融合、全终端融合，使新媒体的创意和内容发生了快速变化，受众和技术推动“一个内容、多个创意、多个发展，一个产品、多种形态、多次传播”的新媒体不断发展，不断注入传统媒体所坚守的人文价值和工匠精神，让其在技术引擎的强劲驱动下，释放出更多的能量。

移动互联时代，用户时间的“碎片化”只是表象，背后实质是消费的“场景化”。当然，这里的消费不单指买东西，而是包括观赛、观影、学习、互动、协作、分享等在内的涉及娱乐、学习和工作等方面的更广泛的需求。这些场景和需求的存在，给新媒体营销带来了巨大的发展空间。人人皆媒、无网不欢是表象、是结果，背后支撑这一切的是强大的网络！而如何利用好这强大的网络，是每一个新媒体整合营销从业者的必修课。顶尖营销高手设计的无形广告，可以被包装成任何一个他想要的外在表现形式，可以是一篇文章，也可以是一段视频，还可以是一个事件。在这种情况下，寻找新的营销手段势在必行。而随着更多营销新模式的不断涌现，传统营销模式所赖以生存的生态体系正在加速瓦解，身处其中的图书馆，要么固守传统营销方式，坐等被淘汰；要么与时俱进，拿出勇气拥抱新方式，搏出一个未来。这就是我们身处的时代！

对于图书馆而言，面对新时代的挑战，如何运用最新的营销手段，通过多资源、多渠道的新媒体来实现其营销目标，以持续推动事业发展，是图书馆当下的紧迫任务。《图书馆新媒体营销概论》是面向图书馆界相关从业人员学习新媒体营销技能的培训指导用书和参考用书。本书从新媒体的基本认知入手，理论与实操相结合，主要介绍了新媒体营销的概念、特征、核心理论及思维，图书馆新媒体营销的定位、运营及团队建设，图书馆新媒体活动的策划、品牌营销与运营；详细介绍了图书馆微博营销、微信营销、视频营销等新业态下图书馆常用的新媒体营销策略、技巧和方法；简要介绍了图书馆在新媒体时代的危机公关策略。期望图书馆从业人员通过对本书的学习后能够基本形成新媒体营销的职业能力，并能有效开展新媒体营销活动，有助于图书馆培育营销新增长点、形成营销新动能。

本书在编写过程中，参考和借鉴了新媒体营销界同仁的有关文献和资料，谨向他们表示诚挚的谢意！由于写作水平有限，本书仍有许多缺点和不足，敬请读者批评指正。

目　录

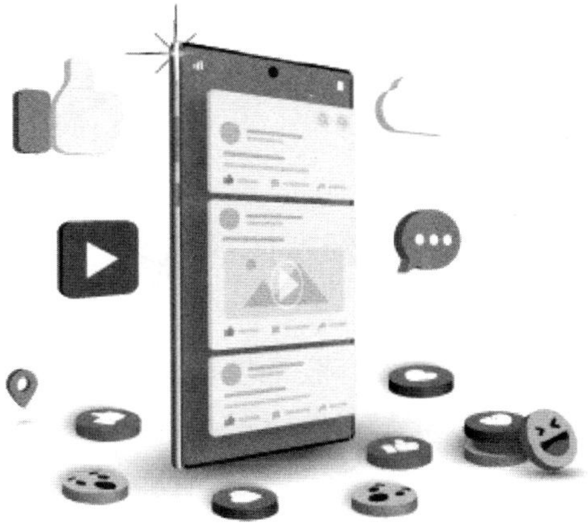

第一章　新媒体营销

第一节 新媒体概述

一、新媒体的概念

媒体一般是指信息传播的媒介，是人们借助用来传递信息与获取信息的渠道、载体、工具、中介物或技术手段。[1]媒体有两层含义：一是承载信息的物体；二是储存、呈现、处理和传递信息的实体。[2]1967年，美国哥伦比亚广播电视网（CBS）技术研究所所长P.戈尔德马克（P.Goldmark）在一份关于开发电子录像（EVR）商品的计划书中，首次将“电子录像”称为“New Media”，“新媒体”概念由此诞生。[3]1969年，美国传播政策总统特别委员会主席E.罗斯托（E.Rostow）向尼克松总统提交的报告书中多次使用“New Media”一词。从此，“新媒体”一词从美国开始流行，并流传到全世界，成为全世界最热门的词汇之一。[4]

对于新媒体的界定，社会各界可谓众说纷纭。美国《连线》杂志认为新媒体的概念是：“由所有人面向所有人进行的传播（communications for all by all）”[5]。这个定义阐释了新媒体是信息传播的重要载体，但这个定义过于宽泛，如人和人之间的信息传播，有些是借助新媒体，有些则是借助日常交往活动。联合国教科文组织对新媒体下的定义是：“以数字技术为基础，以网络为载体进行信息传播的媒介。”[6]中国传媒大学黄升民教授认为，新媒体构建了信息传播者和信息接收者在传播方式上的平等关系，是媒体旧格局的解构与重聚，是信息内容生产流程的再造与管理创新，是信息传输网络融合与博弈的产物，更是以个人、家庭、行业和政府的信息需求为动力，所构建的崭新的信息生产、消费与交流平台。在众多的认识中，《新媒体百科全书》的主编斯蒂夫·琼斯更为深入而全面地向我们诠释了新媒体的本质。他认为："新媒体是一个相对的概念，相对于图书，报纸是新媒体；相对于广播，电视是新媒体；'新'是相对于'旧'而言的。新媒体又是一个时间的概念，在一定的时间段内，新媒体应该有一个稳定的内涵。新媒体同时又是一个发展的概念，科学技术的发展不会终结，人们的需求不会终结，新媒体也不会停留在任何一个现存的平台。"[7] 可见，要从社会角度、历史角度和技术角度综合衡量，才能准确地理解和界定新媒体。随着科学技术的发展，媒体的功能和内容持续不断地突破创新、走向成熟。新媒体形态是不断发展变化的，就现阶段而言，新媒体更多指的是基于计算机信息处理技术，通过无线宽带、有线、卫星网络等各种现代传播手段，传播数字化文字、声音、图像信息的媒体。[8] 新媒体时代，媒体的主要特征是数字化、互动化、个性化，本质是"人人皆媒"，每个人兼有"信息生产者"和"信息传播者"的双重身份。本书的"新媒体"概念，特指以现阶段为背景的新媒体形态。

二、新媒体的特征

1."新"的相对性

相对于传统媒体而言，新媒体是承载信息的一种新工具，所以"新"是其重要的特征，只是这里所谓的"新"是相对而言的，是区别于传统媒体形态的旧传播方式而言的，但是并不是说有了新媒体，传统媒体就不再发挥作用，新媒体的应用和业务开发延续了传统媒体的包括内容等在内的核心资源。两者相互交融，融合发展。

2. 数字化

数字化是新媒体发展的基础，传统媒体基于模拟传播技术发展而来，而新媒体基于数字传播技术发展而来。第四次信息传播革命是以 1951 年数字计算机被发展用来处理、存储和交换信息为标志的。计算机使原来依赖印刷技术和电子技术传递信息的媒介转向依赖计算机技术来完成。以互联网为基础的新媒体类型迅速发展，而且以数字技术构建起来的卫星、地面、有线和通信等传输网络的数字化变革以及由此带动的数字电视、电视直播、移动媒介和手机媒介等新媒介被迅速发展和应用。正是数字技术在传播领域的应用和发展，新媒体才逐渐成熟。数字技术在信息的生产、传输和信息的使用终端方面的巨大进步，使得信息内容的集成、分发、跨网络的传输和创新的终端应用等方面都出现了新的特征。

3. 超媒体性

超媒体性是指在多媒体中非线性地组织和呈现信息。美国学者尼葛洛庞帝在其《数字化生存》中指出，超媒体是超文本的延伸。所谓超文本是一种按照信息之间的关系非线性地存储、组织、管理和浏览信息的计算机技术。在信息文本中含有指向其他文本的链接，受众不需要顺序阅读，而是根据自己的兴趣和需求通过“点击”链接选择性地阅读文本信息内容，受众完全掌握了信息的选择权和控制权。[9] 超文本是在互联网早期只能传输文本信息的条件下提出的一个概念，现在，新媒体利用数字技术对多媒体信息进行整合并按照超文本的组织方式来组织文本、图片、声音、影像等多媒体信息，再提供给信息用户使用。用户通过“点击”不仅可以获得相关的文本信息，还可以获得相关声音、影像信息，这便是新媒体的超媒体特性。比尔·盖茨曾在《未来之路》中这样描述未来新媒体所能提供的超媒体服务：“假设你正在观看新闻，你看到一个你不认识的人与英国首相走在一起，你想知道她是谁。你用电视遥控器指着这个人，这个动作就会带给你关于她的介绍，还有最近出现过她的新闻报道名单，指着名单上的一个事件，你就能阅读或观看它，无数次地从一个话题跳到另一个话题，在全世界范围内搜索视频、音频和文本信息。”[10] 由此可见，超媒体包括两个方面的特点，即非线性传播和多媒体交融性。

4. 互动性

新媒体是新传播形态的构建。从传播意义上讲，与传统媒体或者旧媒体一样，新媒体也是一种媒体，是人类社会生产实践活动中信息沟通的工具和手段。由于技术的支持，新媒体解放了信息的传收双方，使得彼此更自由、更方便。新媒体创造了一种新的形式进行传播，传统媒体利用二分法将世界分成两个阵营：生产者和消费者。我们要么是作者，要么是读者，要么是广播者，要么是听众，要么是表演者，要么是欣赏者。传统媒体是一种一对多的传播，而新的数字媒体则突破了两者的界限，实现了一对一和多对多的传播，使每个人不仅有机会倾听，而且有机会说话，并在交流模式中扮演沟通者和接接收者的双重角色。因此，新媒体不仅提供信息传收双方的互动交流，使得传者能够即时掌握接收者对信息的需求形态和方式，而且新媒体还提供了信息接收方即用户之间的互动交流，让用户和自己感兴趣的个人或群体进行话题的自由交流。正是这种传收双方的互动和用户之间的互动，使得信息的产生和流动以及影响力等方面都发生了巨大的变化，也使得新媒体具有了互动性的鲜明特征。

5. 即时性和共享性

一般来说，传统媒体有一个出版和播出的周期，版面和时长都有严格的规定，传播受到时间和空间的限制。相比之下，新媒体在传播的即时性和共享性上具有明显的优势，能够彻底打破时空界限，真正实现了麦克卢汉的“地球村”预言。网络传输载体是光纤通信线路，光纤的传播速度为 30 万公里/秒，新媒体通过网络进行传输和表达，也就是说新媒体的传播速度相当快，瞬间可到达地面任何地方，这就是为什么新媒体的传播速度和信息更新速度也是以秒计算的。对于媒体而言，这种即时性体现在可以随时更新新闻信息、24 小时不间断发稿、对突发事件进行直播，从而使受众在第一时间获取第一手信息；另一方面，受众不仅可以实时通过网络和移动终端，随时随地获得信息，还可以作为传播者与其他用户分享信息，及时将信息公开发布出去。同时，互联网拥有海量的数据信息，超链接技术整合了这些网络信息，扩大了无限的传播空间，网络用户可以随时随地使用这些信息。以数字技术和网络技术为基础的新媒体改变了传统媒体信息传播严格受控的限制：传播时间上的开放性实现了信息的即时传播；而传播空间上的开放性则促使了传播地域上的全球覆盖以及信息的海量储存，是实现信息共享的坚实基础。

6. 个性化

在超媒体时代，媒介正在对不同的个体实现着最大程度的延伸。美国西北大学的詹姆斯·韦伯斯特曾明确指出，媒介的变革与发展，并非仅仅体现在技术与产品上，更多的是体现在用户个性化的需求上。对于大众而言，报纸、电视等都属于传统媒体，其面向的是普通大众，信息的传播是单向的。大众在传统媒体下，只能被动地接收信息，而无法主动地去选择接收哪些信息。即使现在的传统媒体纷纷开辟分众市场，但就其本质而言，仍旧是在分众市场中的大众传播。与传统媒体有着本质上的区别，新媒体能够在深入分析用户需求的基础上，为用户提供有针对性的信息，而用户也能够选择自己需要的信息。当前，包括 SNS 网站、博客、微博在内的社交网络媒体都为用户提供个性化的服务，从主页装饰、页面排版、好友管理到图片视频的分享等，人们能够以任何形式发布、转载、评论各种内容和信息。然而，新媒体提供的个性化服务并不仅仅包括这些，它还突破了传统媒体在时间、同步等方面的局限，用户不会受到时间、空间等方面的限制，而可以随时随地获取信息，对于感兴趣的信息甚至可以通过收藏、下载等方式反复浏览。同时，在新媒体时代，用户既是信息的接收者，也是信息的制造者、传播者。通过互联网中的各种检索引擎，人们可以在庞大的网络数据库中根据需要各取所需。同时，互联网技术的发展也使人们能够自由地选择以何种方式、通过何种媒介来获取某种信息，或是根据自己的喜好在网络上与不同的人群讨论兴趣相投的话题，形成一个个“小圈子”。这样的“小圈子”在新媒体时代十分常见，譬如 BBS 论坛、QQ 群、微信群等。这是因为互联网的交互性特点决定了人们在网络上以“群居”活动为主，志趣相投的人们在网络平台上更容易形成一个特定的群体，这就自动为小众化传播提供了受众。基于受众群体在个性化上的需求，新媒体在进行信息整合的基础上，为用户提供能满足其需求的信息服务，从而使小众化传播的效率更高。由此可见，新媒体改变了人们对媒体的认知，创新了媒体信息传播的形式，并在传播的思维、观念、方式等方面为人们的生活带来了深远的变革。进入互联网时代后，基于网络和个性化而产生的新媒体，不仅有力地加快了社会发展的变革速度，也从根本上对人们的生活、生产、思维等方面产生了积极的影响。

7. 动态变化的过程性

新媒体不是一个纸面上的定义，不是一个静态的过程，而是一个用户群体不断离散和重聚的过程，是满足用户群体的个性化信息需求而不断去中心化的过程，也是对用户群体新的信息共性化需求再中心化的过程。这个过程是由新媒体及其产业不断发展而形成的，同时也是以后发展的趋向。从用户群体这个层面而言，新媒体包含着“分与聚”的辩证统一。传统营销学派习惯使用“分”的观点来看待消费者和解决市场中发生的问题，然而无限制和无休止地细分也会碰到难以解决的问题，所以，市场上的消费者在消费行为上也出现了分化和重聚的辩证统一。新媒体似乎更为支持这一观点：终端不断分化，用户群体的信息需求不断呈现出分众形态，内容和业务分发呈现出碎片化的形态；但是新媒体多重传输网络的融合，造成新传播形态和方式的出现；同时，新媒体又对碎片化的用户群体进行重新聚合，不断把已经或曾经细分的用户聚合起来，形成新的群体概念。这又是一个重聚的过程，比如新媒体的社区、论坛、团购等方式就是重新聚合起来的群体。

三、新媒体的形态

新媒体的表现形态是多种多样的，既有电子数字化的，也有视频、图片、短信等，其形态大致可以分成数字杂志、数字报纸、数字广播、数字电视、手机短信、移动电视、数字电影等。

1. 数字杂志

数字杂志与传统的纸质杂志有着非常大的不同，它融合了多媒体技术，是以电子化的形式存在的杂志。它集图文、数据、音频、视频于一身，内容更新更便捷，传播更加迅速，还可以与网站整合、与读者互动，更没有印刷等成本消耗。数字杂志中的图文资料可供读者复制，文章的阅读次数及读者层次也能被准确地反馈。总之，数字杂志是一种极具优势的电子出版方式。

2. 数字报纸

数字报纸是指报纸的采、编、发一体化的解决方案平台软件，通过转换处理工具软件对主流排版格式进行一系列操作，转化生成一定格式的文件包，满足用户对数字报纸不同格式的需求，配合发布系统，呈现整个报纸的全貌。除了无法模拟纸张的触感，数字报纸所提供的阅读效果与传统报纸高度契合。

3. 数字广播

数字广播是一种数字多媒体广播形式，与传统广播不同的是，数字广播利用特定的数字化技术将视频、音频等转化为数字信号，再通过特定的数字化设备进行编码的转换、传播、接收等，而用户可以通过多样化的终端设备，如手机、电脑、车载设备等，将接收到的数字化信号再转换为视频、音频等，从而可以获取内容多样的节目。数字广播以数字信号的形式进行传播，外界因素往往难以对其产生影响，其传输的速度更快、质量更好，并且还能够进行数据等方面的传输。

4. 数字电视

数字电视是电视类型中的一种，与传统电视在信号的生成、传输、接收不同，数字电视中不论是音频，还是视频，或者其他的信息，都是通过相应的设备转化为以 0、1 组成的数字串进行传播和转换。数字信号不仅有着更快的传播速度，而且信号在传输过程中不易丢失，其能传输的信息量更大。对于用户来说，如果选择传统电视，那么电视节目制作方制作什么样的节目，用户就只能选择什么样的节目，用户没有自主选择的权利，但是数字电视则为用户提供了个性化节目服务，用户可以根据自己的喜好来选择节目。同时，数字电视为用户提供的服务不仅仅表现在节目上，而且借助数字信号，数字电视还可以为用户提供证券、教育、医疗、购物等多方面的服务。

5. 手机短信

手机短信是指以短信形式来进行信息的传输、接收，在现代通信、数字技术的支持下，手机短信可以传输的信息是多种多样的，既可以是文字，也可以是音频、视频、图片等。根据手机短信传输信息的表现形式不同，可以将其分为文字短信、彩信两种类型。前者可以传输的信息量并不大，而彩信可传输的信息量是非常大的，可同时进行图片、音频、视频等内容的传输。

6. 移动电视

移动电视与传统电视依靠专门的传输线路有着很大的不同，它通过移动数字电视技术，能够在移动的过程中，接收电视信号，并将电视信号进行转换，从而满足不同电视节目播放的需要，不管是在地铁、公交，还是在出租车、公务车和私家车上，或者在火车、长途汽车、飞机和轮船上，都可以利用移动电视设备来进行移动电视节目的播放。移动电视不会受到地域空间的限制，也不会受到移动速度的影响，在信号传输过程中也不会出现失真情况，人们可以随时随地观看电视节目。

7. 计算机网络

计算机网络将网络中不同的计算机相互连接起来，通过服务器、用户计算机，可以实现信息的传输、接收、使用。在计算机网络中，用户可以随时进行信息的分享和利用，同时，计算机网络可以传输的信息更丰富，能满足用户在音频、视频、图片、文字、娱乐、互动等方面信息多样化的需求。

8. 桌面视窗

桌面视窗是基于操作系统的任务操作显示界面，通常由标题栏、菜单栏、工具栏、地址栏、状态栏及浏览区域等构成，用户可以根据需要打开多个应用程序或文档的窗口，对文字、图片、音频、视频等信息进行操作。桌面视窗使用简单、操作灵活、风格统一，深受用户的喜爱。

9. 数字电影

数字电影是指在进行电影作品制作、拍摄的过程中，利用数字化技术将影像资料转化为数字化信号，并将之存储于光盘、磁盘等媒介之中，再利用数据化设备将这些数字化信号进行识别，并转换成为可以在特定设备上播放的影像作品。与传统电影所采取的光学、化学或物理处理技术不同，数字技术的运用实现了电影的无胶片制作、发行与放映，不但降低了成本，而且保证了画质的清晰度。

10. 触摸媒体

触摸媒体是一种互动式的媒体模式，是在特定的多媒体平台中利用可触摸技术和可触摸设备，使用户能够通过这种设备进行主动的信息搜索、获取、查看等。

11. 手机网络

手机网络是利用移动通信技术，以手机为载体，通过相应的软件程序来接收、获取信息的形态。随着数字技术的广泛应用，手机的功能不仅仅停留在简单的通话和短信业务上，资讯传播、娱乐游戏、虚拟社区、生活服务等功能被不断开发。手机网络以其良好的互动属性和便捷的移动属性在人们的社会生活中占据着越来越重要的地位。

四、主要的新媒体平台

目前，人们使用的新媒体平台非常多，主要有微信、微博、电商平台、今日头条、短视频平台、社群和论坛等。

1. 微信

2011年，腾讯公司发布新产品——微信，这是一个可以安装于智能移动终端的免费应用程序，能满足用户多样化即时通信的需要。在微信程序中，用户既可以实现一对一的通信，也可以实现一对多、多对一的通信，在通信的过程中，用户根据自己的需要来进行文字、图片、音频、视频等多样化信息的制造、传输和接收。同时，在微信程序中，还内置了多种互动功能插件，如朋友圈、摇一摇、公众号等。中国报告网整理的数据显示，微信作为一款即时应用程序，其用户规模在 2018 年已经超过了 10 亿，庞大的数据背后是微信对人们日常交往模式的改变。正是由于微信本身强大、丰富多样的功能以及个性化的设计，使得使用微信的用户越来越多。用户在使用微信的过程中，既可以使用其最基本的即时通信功能，也可以利用朋友圈进行一对多信息的发布，而可发布的内容也是多样化的，用户可以自主选择文字、图片、视频等的组合。同时，微信好友可以通过朋友圈看到信息，也能参与信息的互动。除此之外，微信朋友圈也可以实现音乐、文字、视频、超链接等多种形式的分享。在微信众多插件中，公众号插件的使用频率是非常高的，通过公众号也能为用户提供定向信息传播、营销推广、商业活动等多方面的服务。

在微信公众平台系统中，可以根据服务类型的不同划分为小程序、企业微信、服务号、订阅号等。在社会交往方面，微信有效地结合了一对一与一对多的信息交流方式，为每个用户建立了以自我为中心的社会关系网络，打破了时间和空间的限制，使用户能随时随地与微信好友进行交流。

在商业价值方面，微信为企业和商家提供了新的契机，其商业化进程不断推进。例如，餐饮、美容美发、健身等行业利用微信进行从线上到线下的营销，通过开通公众号将线下商店打折、服务预订等消息推送给用户，从而将微信用户转化为线下客户；又如，许多企业通过微信建立旗下品牌的官方账户，将丰富的产品信息和品牌文化信息传递给微信用户，从而实现产品的销售和品牌的推广；还有些微信个人用户，通过在朋友圈发布广告进行产品和服务的推广，开辟了一个新的商业渠道；各级政府部门也借助微信公共平台实现了政务信息的公开和广泛传播，同时借助政务公众号，政府部门可以更为便捷地为公众提供政务相关的服务，这样政府部门既可以更加便捷地发布与民众切身利益息息相关的信息，又能及时获得民众的反馈，了解民众的意愿。

微信也为文化的传播提供了良好的平台。一些文学类、知识类的公众平台账号为用户提供了阅读并丰富个人内在修养的机会；用户也可以通过微信进行微文学的创作和传播，或者进行各种知识的普及；朋友圈中也存在许多有价值的信息分享，用户可以对有价值的信息进行收藏与转发等。总之，微信既满足了人们自我提高的需求，也促进了文化的传播。

2. 微博

作为当下非常受欢迎的一种社交平台，微博利用用户之间的互相关注来实现信息的发布与分享。在市场竞争和技术不断更迭的环境下，新浪微博站稳了脚跟，现在人们通常所说的微博就是指新浪微博。在新浪微博，用户可以通过相互关注来建立庞大的关系网络，基于此网络可以实现信息的发布、获取、传播，信息类型可以是多样化的，如文字、图片、视频等，用户可以自主选择信息发布的渠道。微博的特点有：

（1）信息碎片化

微博最显著的特点就是信息碎片化。在微博产生之初，用户发布的文本信息有着严格的字数限制，篇幅必须控制在 140 字以内，所以直截了当、言简意赅的表达成为微博语言的一大特色。正是因为篇幅短小，微博上发布的信息呈现出碎片化的特点，而这也与人们日益被分割的时间和注意力相契合。尽管微博在 2016 年 2 月取消了对文本信息的字数限制，规定字符可以控制在 2000 字以内，但其简洁凝练的文本风格延续了下来。

（2）时效性

微博信息的碎片化在一定程度上提高了信息传播的速度。一条信息发布后，关注该用户的人都能在同一时间接收到信息，并且可以转发到自己的微博上，关注者的“粉丝”也可以在同一时间内接收到这条信息。这样层层传递下去，微博的时效性大大提高。

（3）信息的个性化

新媒体时代，人人都有了表达的意愿，也拥有了表达的渠道，微博作为人们进行社会交往的平台，为大众提供了自由发声、个性表达的舞台。用户可以根据个人兴趣或者关注点来打造原创个性化内容。例如，微诗、微小说及微散文的流行都与微博有着密不可分的联系。同时，用户也可以通过关注不同类别的博主来发现精彩的内容，并进行信息的转发。

（4）意见领袖作用突出

随着社交媒体的发展，在社交网络上产生了意见领袖，其发表的观点往往能够在网络上引起较大的影响，也能引领社交媒体意见的走向。这种意见领袖并不是传统意义上的真正的组织中的领袖，但其在信息的获取、观点的发表等方面，往往更具优势。在微博中，每个人都有成为意见领袖的可能。只要你在某一领域具有突出的影响力，尤其在信息的时效性、独家性、专业性上具有突出的表现，就很可能成为影响人们思想观念、引导舆论走向的意见领袖。

3. 电商平台

电商平台是随着电子商务的迅猛发展而产生的。在互联网环境下，特别是在移动通信、网络、信息等多种技术的推动下，借助于特定的网络平台，用户可以实现商品的交易，而这个平台就是电子商务平台。电子商务平台充分地整合了线上、线下资源，线上利用互联网便捷的网络体系来进行网络商务活动，线下结合线上商务活动的需要来进行资金流、物流、信息流的利用整合。电子商务就是将传统商务活动搬到网络上进行成交，再利用线下渠道来实现商品实物的交易，其有着网络化、信息化、电子化的特征。随着移动技术的成熟和应用，人们利用便捷的智能移动终端，就可以轻松地实现随时随地的购物。通过电商平台，无论是国内商品，还是海外商品，都可以尽收囊中，层出不穷的电商 App 极大地满足了人们随时随地进行购物的需求，其已成为人们生活中不可或缺的一部分。电商平台在发展的过程中，围绕着用户需求变化以及竞争需要，其自身也在不断地发生变革，其类型也不断地增多。按照电商平台涉及领域以及内容的不同，电商平台大致可以分为综合类电商、垂直类电商、团购类电商、特卖类电商、返利类电商和海淘类电商。

4. 今日头条

今日头条是一款为用户提供信息服务的产品，它基于网络、大数据等新兴技术，能够在对用户进行深入数据分析的基础上，为用户提供有针对性的信息。2012 年，字节跳动推出今日头条，凭借着其出色的算法原理为用户提供个性化的信息服务。在短短几年时间里，今日头条无论是下载量，还是用户规模，都在国内新闻资讯类产品中占据核心位置。与其他同类型产品有着较大的区别，今日头条为用户推送的信息有着较强的个性化，能结合用户的特征、偏好来为用户提供多样化的信息，涵盖了新闻、影视、娱乐、电商等。同时，今日头条也改变了传统信息制作、发布的模式，借助于头条号，普通用户也能够成为信息的制造者和传播者，同时通过其庞大的用户流量，能够更好地为不同类型客户提供更为优质、更多流量的信息传播服务，也能为用户提供更好的互动享受。头条号依托于今日头条的算法推荐，即使是自媒体新人，粉丝不多，只要发布的内容足够优质，内容标签与用户标签一致，就有可能获得巨大的阅读量。

5. 短视频平台

短视频是一种碎片化的视频类型，由于视频时长较短，使得其可以在移动终端实现高频推送、浏览。依据视频内容的不同，可以将短视频划分为不同的类型，如时尚、游戏、生活、教育、广告、商业活动等。2013 年 7 月，制作并分享动图的应用“GIF 快手”更名为的“快手”，从一款工具软件转型为记录和分享生活的短视频平台，由此我国迈入了短视频应用发展的道路。继“快手”之后，新浪微博、迅雷、腾讯等互联网企业纷纷推出秒拍、有料、微视等短视频平台，它们利用自身丰富的用户资源和强大的技术手段成功地将短视频行业推到一个新的高度。之后的几年内，小咖秀、梨视频、美拍、火山小视频、抖音等短视频 App 相继火爆，短视频活跃用户规模不断扩大。如今的移动短视频领域已经成为一块互联网企业的必争之地，腾讯强势复活“微视”、百度押注“好看视频”，新兴互联网公司加大对短视频的投资，资本、流量和技术的参与使短视频应用市场出现各自竞争的格局，各大移动互联网企业争相抢占短视频行业的蓝海（指未知的市场空间），随着短视频在商业活动中的不断应用，依托短视频所形成的价值流、资金流等规模也在不断地扩大。

6. 社群

社群是由一群拥有共同兴趣爱好、认知水平相当、价值观相符的用户组成的社交群体，社群成员在某方面的特点越相似，相互之间的情感联系就越强。因此，文案人员要想在某社群发布文案，首先要明确社群的定位，分清社群的类型及其成员喜好，从而有针对性地发布符合用户兴趣的文案内容，给社群成员带来共鸣。

7. 论坛

论坛，即 BBS，是在网络中建立起来的电子信息服务系统，用户在该系统中可以自主进行信息的发布。早期的 BBS 由教育机构或研究机构管理，现在多数网站都建立了自己的BBS系统，用户可以自由访问论坛，通过论坛与他人交谈、发布消息、讨论问题、传送文件、学习交流等。在新媒体时代，论坛呈现出以下特点：

（1）内容多元化

论坛的内容呈现出多元化的特点，涵盖了社会、生活、地域、教育、娱乐、游戏、体育、企业等方方面面的内容，极大满足了用户对信息获取的需求。

（2）智能化推荐和人工信息整合相结合

各大论坛在人工智能领域发展迅速，其往往依据兴趣、关注点为用户推荐信息。论坛有着高度的开放性，借助于信息、人工智能等技术，用户可以通过论坛来实现信息的共享。

（3）内容更迭迅速

在论坛中，优质、有价值的帖子会被“置顶”或者“加精”，低质、过时的帖子很容易被时效性强、优质的帖子掩盖，这在一定程度上过滤了信息，让真正高质量的内容得到迅速、有效地传播。

五、新媒体的发展

新媒体格局不仅复杂，而且竞争非常激烈。如果图书馆能够及时了解其发展的趋势，并巧妙地运用到日常的营销策略中，定能事半功倍。

1. 新媒体与传统媒体的共生与融合

新媒体的发展势头迅猛，并对传统媒体产生了深远的影响，在这种影响下，传统媒体也在发生变革，并呈现出与新媒体融合发展的趋势。传统媒体在权威性和影响力方面有着先天的优势，新媒体则在受众的广度和深度方面有更大的发展空间。传统媒体纷纷推出新媒体战略，各大主流媒体竞相进入微传播领域，新媒体则凭借自身的优势对传统媒体的信息进行整合以及再传播，丰富传统媒体的内容。新媒体和传统媒体可以实现联动。

2. 用户生产内容呈上升趋势

新技术的发展使得传统媒体中的单项信息传播体系被打破，普通用户发表观点的成本和门槛几乎为零，言论的广度也比传统媒体宽松许多。很多新媒体的从业人员来自社会底层，他们参与信息的分享和发布，很少出于功利的目的，而更多地源于自身的兴趣爱好。新媒体的低门槛、个性化使得普通用户的话语权得到很大的提高，越来越多的人参与到信息的发布和传播中去。

3. 从资源扩张到内容扩张

新媒体形式和内容的丰富性是其得以发展壮大非常重要的原因。传统媒体的信息相对统一和集中，若想获得大众的关注，则需要从优良的制作、有号召力的受访对象、海量的宣传等方面来竞争。新媒体的发展大大丰富了信息的来源和传播渠道，优秀的、有价值的观点自然而然会得到用户的喜欢和传播，一句感想、一张图片都可能会引起用户的共鸣。

4. 新媒体的专业化和特色化

由于用户兴趣的分散，单一的媒体平台很难满足所有用户的信息需求，专业化和特色化的媒体平台有很大的发展潜力和市场空间。只有构建自己的特色，才能吸引用户的眼球。通过满足细分市场的用户诉求，用准确、权威、客观的信息内容吸引特定用户群体是专业化媒体的生存之道。由于信息量的巨大和碎片化，很多媒体信息缺乏分析性和思考性，因此在某一细分领域集中用力，打造专业品牌，开创新的发展模式，可以更好地实现专业化分工并提升用户的体验。

5. 数据挖掘和智能推送相结合

移动互联的终端可以实现用户的定位及数据的汇聚，用户搜索关键词、浏览主题、浏览次数、关注内容、发表的评论都可以作为数据来分析和挖掘，从而得出其浏览习惯与兴趣爱好，由此产生的精准营销也成为可能，既减少了广告主投放广告的成本，也使得用户免于收到太多的非相关信息。

6. 新媒体的社交化属性加强

用户在使用新媒体进行信息传播的过程中，新媒体的社交化已成为重要的发展趋势。社交媒体覆盖了人们日常生活的各个方面，互联网公司纷纷拓展社交类产品，视频网站、新闻门户、电子商务、音乐、搜索等纷纷增加社交元素。纯粹的社交网站也基本上不复存在，这些网站通过融入游戏、广告、电子商务等功能实现收益。新媒体的社交化属性加强，为信息的传播提供了更为有利的途径，使其影响的范围更广。

第二节　新媒体营销

伴随着新技术的融合发展，新媒体的发展也步入“快车道”，其应用范围越来越广，对人们的影响也越来越大。相较于传统媒体，新媒体的差异化特征表现为用户选择更加丰富、信息更新速度快、表现形式丰富、更符合受众的个性化需求，能够与受众高效互动，实现信息的数字化传播，并充分发挥网络平台的优势。在新媒体的影响下，传统媒体也在发生变革，并呈现出与新媒体融合发展的趋势。落伍于时代发展的部分传统媒体行业的活力将逐步减退，能够对接市场需求的新媒体行业则呈现蓬勃发展之势。图书馆在竞争过程中将聚焦于优质文化内容的争夺。在此趋势下，新媒体将被应用于营销领域，以促进行业的发展。特别是高速发展的信息技术正在对越来越多的领域产生影响，传媒行业也是其中之一。同时，随着移动通信、网络、信息等技术的发展，以移动和网络等为代表的新媒体平台受到广大用户及投资者的关注，其给经营者带来更多的收益，使传统媒体的发展面临挑战。同时，新媒体带来了行业布局的变化，并对世界范围内人们的日常生活及传统思维产生了重大影响，经营者也充分地认识到新媒体的影响力，在深入挖掘新媒体的同时，进一步利用新媒体平台进行营销活动的整合，提升新媒体营销的总体水平。

一、新媒体营销的概念

新媒体营销是相对于传统媒体营销而言的，是基于新媒体平台来实施营销活动的模式。从商业营销活动的角度来看，新媒体营销是企业利用新媒体的特点，在创新营销策略的基础上，运用新媒体平台来进行营销的传播，从而在传递营销观念的同时，实现企业宣传、营销的目标。

基于图书馆层面，新媒体营销是指图书馆利用新媒体平台在信息传播方面的优势，将服务信息以潜移默化的方式发布出去，在目标受众中形成广泛且深入的信息传播，将目标受众带入具体的营销活动中，最终实现图书馆品牌形象的树立、服务宣传推广、文创产品销售等目标。

基于消费者层面，图书馆新媒体营销能够更好地实现精准式营销，在深入分析消费者需求的基础上，为消费者提供有针对性的与图书馆相关的产品和服务，以满足自己的个性化需求，还可以及时与他人分享自己的感受，与图书馆之间形成良好的互动合作关系。

总体来说，新媒体营销是指单位或个人在新媒体思维的指导下，充分利用新媒体平台的功能、特性，通过对目标受众的精准定位，针对目标受众的需求，研发个性化的产品和服务，采取新媒体营销方法，开展新媒体营销活动的全过程。

二、新媒体营销的核心理论

消费者在传统媒体下无法实现对信息的主动选择，而只能单向地接收传播而来的信息。而新媒体不仅可以为消费者提供多样化的信息，而且信息的传播也呈现出多向化、互动化的特征。网络整合营销理论中存在的“4I 原则”也成为新媒体营销的核心理论。

1. 趣味原则（Interesting）

趣味原则是指进行的营销活动不单调，有着较强的娱乐趣味性。当前的网络消费者以年轻人居多，他们在互联网上的活动，除了必要的工作、学习，大部分时间是用于娱乐。例如：玩网络游戏、看网络视频、聊八卦新闻……因此，新媒体营销活动要想打动目标消费者，首先需要做到有趣味性，通过有趣的标题、图片、文字等信息，引起目标受众的关注，才能进一步达成利益合作的目的。

2. 利益原则（Interests）

利益原则指的是营销活动必须为目标受众提供其所需要的利益。企业需要设身处地地站在目标受众的立场，思考企业自身能够为目标受众带来的利益有哪些。当然，“利益”不仅仅是指实际的物质利益，还包括更有利的资讯信息、更强大的功能或更优质的服务、超过心理预期的满足感、更高的荣誉……

3. 互动原则（Interaction）

互动原则是指在新媒体营销的过程中，利用互联网本身的互动性，在与目标消费者进行互动的基础上达到营销的目的。在新媒体营销中，消费者并不再是被动的接受者，其也成为营销活动的参与者，这样更易于加深消费者对品牌的理解和记忆。而在消费者与品牌之间可以建立起一种互动关系。这也意味着在未来的营销活动中，单一依赖品牌营销已无法满足营销需要，这其中必须要加入消费者的互动。同时，营销活动也需要选择可以达到互动效果的方法或策略。

4. 个性原则（Individuality）

个性原则指的是利用网络的数字流特征，采用“一对一”的个性化营销手段，使得目标受众产生“焦点关注”的满足感。个性原则能够在运用新媒体营销时，更为准确地为目标消费者提供产品或服务。这也充分地体现出新媒体营销在营销活动上的精准性和吸引力。

三、新媒体营销的形式

根据新媒体的不同类别，新媒体营销的应用形式有很多，最主要的有下述几种：

1. 微信营销

微信营销是以微信为平台，结合营销的目标，向目标消费者实施的与产品宣传、销售、关系管理等相关的活动。微信营销是营销模式中的一种，也是一种基于网络和社交的营销模式。利用互联网，不同的微信用户能够建立起一种特殊的关系网络，用户可以根据自己的需要来进行信息的订阅。而对于企业来说，则要在精准定位目标客户的基础上，为目标客户提供与产品和服务相关的营销需要。

2. 微博营销

微博营销是基于微博而进行的营销活动，通过微博用户之间存在的关系，结合用户需求来提供相关产品或服务，以满足商家或个人在价值创造上的追求。在以微博为媒介结成的关系网络中，每一个微博用户都可以视为目标用户，也是企业实施微博营销的对象，此时企业就可以借助企业微博平台，来进行品牌、形象、产品等方面的宣传。微博营销能充分地借助粉丝效应，实现精准的定位，并在粉丝的互动之中，获得更好的营销效果。

3. 视频营销

视频营销是指通过科学有效的视频策划，进行视频内容的制作，并在视频传播的过程中进行宣传、销售等活动。视频营销有着非常强的视觉效果，以创意视频为基础，能在短时间内向目标客户进行精准的传播，其表现的形式多种多样，能以较低的成本获得较好的互动、体验效果。当前视频营销呈现出越来越多样化的特点，有电视广告、宣传片、直播、H5 动态海报、微电影、短视频等各种方式。

4. 自媒体营销

自媒体营销是指以自媒体人为中心，借助自媒体平台来进行信息的发布与传播，并依靠自媒体人的关系网络来进行销售、关系维护、客户管理等方面的营销活动形式，自媒体平台包括很多类型，如博客、网络社区等。

5. App 营销

App 营销是指在终端安装应用程序，并借助这些应用程序来满足用户在产品或服务上的个性化需求。随着沟通方式的改变，视频在线会议、远程同步等办公方式越来越便捷。信息的搜集、社交应酬活动也从面谈转变为线上社交方式。

6. 二维码营销

二维码营销（QR Code Marketing）是指通过对二维码图案的传播，引导消费者扫描二维码，推广相关的产品资讯、商家宣传活动，以刺激消费者进行购买的营销方式。扫描二维码后，常见的营销互动类型有视频、订阅信息、促销活动等。

7. 游戏营销

游戏营销（Game Marketing）是指通过将产品营销内容完全融入游戏情节，使游戏玩家在娱乐中不自觉地记住品牌形象，最终达到品牌宣传效果。游戏营销属于隐性营销的一种形式，与传统营销方式相比较，隐性营销更加注重工夫在诗外，润物细无声的效果。企业利用游戏营销，可以将企业的品牌、产品、形象等植入游戏产品中，这样就可以使企业借助游戏多次“曝光”，同时玩家也能在游戏中与企业、品牌、产品等进行互动，从而加深消费者与企业之间的“粘性”。

8. 社群营销

社群营销（Social Media Marketing）是指个人或群体通过有相同或相似兴趣爱好的网络服务平台，与目标顾客群建立长期沟通渠道，通过提供产品或服务满足目标群体需求的社会化营销过程。这个网络服务平台早期有BBS、论坛，目前主要有贴吧、博客、Facebook 等。

四、新媒体营销的方法

一般来说，新媒体营销会采用以下营销方法：

1. 口碑营销

口碑营销是在消费者群体中通过建立口碑的方式来达到营销的目标。在这个过程中，企业在充分了解市场需求的基础上，通过运用一定的推广方式先在消费者群中建立良好的口碑，再通过消费者对企业提供的产品或服务的评价来突出企业的品牌或形象，进而达到扩大产品销售的目的。新媒体平台自身所具备的双向互动的属性，决定了新媒体营销活动可以让目标受众主动分享和展示使用产品的感受，从而促使更多的目标受众了解产品服务，最终形成良好的口碑，实现销售产品和树立企业形象的基本目标。

2. 饥饿营销

饥饿营销是指由于市场信息不对称的存在，消费者难以获得与企业产品等同的全面信息，此时企业通过主动控制投放市场的产品数量，在消费者群体中形成“供不应求”的错觉，从而达到营销目标的方式。网络环境下，买卖双方的信息虽然有很大程度的透明化，但买卖双方仍处于信息不对称的情况下，这就为企业利用新媒体平台开展饥饿营销活动奠定了基础。

3. 知识营销

知识营销是通过有效的知识传播方法和途径，将企业所拥有的对用户有价值的知识传递给潜在用户，并使其逐渐形成对企业品牌和产品的认知，将潜在用户最终转化为用户的过程和各种营销行为。通过新媒体平台，企业可以迅速发现目标受众最需要的知识内容，并及时提供给目标受众，从而使其对企业产生信任感，并以此为基础，拓展忠实受众群体。

4. 情感营销

情感营销是从情感的层面，来调动消费者对产品的认知与共鸣，打破原有营销市场的单调与无情，使营销活动也充满情感，从而使消费者通过购买行为来获得情感上的认同或满足。随着消费者市场的发展，消费者对产品的需要并不再仅仅强调产品本身的功能、价值等，而是增加了情感层面的需求。通过在微博、微信朋友圈、微信公众号等新媒体平台上发表情感类软文，引起目标受众的共鸣，在满足目标受众情感需求的同时，也为企业带来利益。

5. 软文营销

软文营销是通过高质量的软文，以消费者某一方面的诉求为核心，使消费者在阅读软文后，能够获得高强度的诉求回应，进而为解决这一诉求而付诸购买行为的营销活动。在软文营销中，产品本身的功能以及消费者的核心诉求是关键，并且二者有着强烈的关联性，软文在其中起到了强烈的心理引导作用。从营销宣传的角度来看，软文营销也可以视为企业宣传推广的一种具体表现形式，是利用文字来直击消费者的心理诉求，从而使消费者认同企业产品，并实现企业在宣传、营销上的目标。

6. 事件营销

事件营销是指对发生的特殊社会事件，通过一定的方式将企业与该社会事件相整合并加以运用，从而大幅度提升公众对该事件或人物的关注度，来提升企业的形象，在消费者市场中建立良好的认知，并以此来使更多的消费者购买企业的产品或服务，以达到营销的目的。事件营销实际上就是将事件应用于营销活动之中，借助事件来对企业品牌、形象、产品进行宣传。目前，在西方国家的企业中运用事件营销的案例是非常多的，在事件营销的过程中，企业可以在广告、公关、形象、品牌、客户管理等方面取得非常好的效果。同时，事件营销也为企业进行新产品、新品牌的宣传提供了有利的平台，公众借助事件营销可以更快、更好地认知产品或品牌。

7. 互动营销

互动营销是在企业与消费者之间建立某种互动关系，从而达到营销的目的。在二者关系构建的过程中，需要找到双方共同的关注点，并选择恰当的方式和方法。在互动营销中，互动是核心。在目前的互动营销中，其表现形式主要有两种。一是借助事件来实施互动营销，比如利用与企业相关的事件，通过一定的方式扩大该事件在消费者中的影响，从而形成事件效应；二是从消费者的角度，结合消费者的生活习俗、价值观念等，选取恰当的话题，并使之形成影响力比较大的公关事件，在这个过程中，消费者与企业可以充分地进行互动，从而达到互动营销的目的。

8. 会员营销

会员营销是商家在消费者群体中建立会员制度，在深度挖掘会员信息的基础上，结合会员的需求，来为会员提供更具价值的产品或服务，同时充分利用会员价值的连带关系，以会员拉带新人的方式来实现商家创造价值的目的。进入互联网时代后，越来越多的企业认识到会员制对企业发展的重要性。在当前的市场竞争中，会员营销将成为企业战胜竞争对手的关键因素之一。

五、新媒体营销思维

新媒体营销并不仅仅是利用新媒体进行的营销活动，更为重要的是要有新媒体营销思维。一个单位要想实现新媒体营销的价值最大化，首先必须具备新媒体营销的思维。目前，运用的比较普遍的新媒体思维有互联网思维、全局跨界思维、大数据思维、共享经济思维等。

1. 互联网思维

互联网思维是随着互联网的发展，特别是在大数据、云计算等新技术的成熟应用下，从互联网的角度来对传统消费者市场、产品、企业等形成的商业链进行分析的思维模式。互联网思维，并不是从事与互联网相关的企业的“专利”。在互联网环境下，所有与互联网相关联的内容都囊括在内，这不仅包括互联网本身，也包括融入互联网应用的一切设备、产品等，如电脑、手机、网络手表等。互联网思维的特点有：

（1）互联网思维是为了区别工业化思维而产生的。在工业化思维中，企业的经营主要围绕着规模化生产、销售、营销等展开。而在互联网时代，随着信息技术的迅猛发展，消费者接收的信息越来越多，“三大”经营模式已经不能完全满足消费者的个性化需求。互联网思维就是要打破工业化时代的“三大”思维，将产品和服务做到精细化、精准化。因此，互联网时代的标准思维模式是小批量多批次的精细化生产、精准的销售和传播模式。

（2）互联网思维是商业个性化的表现。在工业生产阶段，原材料与产量是企业之间展开竞争的关键要素，这一阶段的市场是卖方主导；进入互联网时代后，消费者更加注重个性化的需求，信息成为市场供需的决定因素，买方逐渐成为市场的主导，同时消费者并不是单一的信息接收者，其在信息传递的链条上也同时承担着制造者、传播者的角色。因此，互联网思维是以消费者需求为主的民主化思维，消费者可以更加自主地选择自己所需要的产品和服务。

（3）互联网思维是一种用户至上的思维。传统企业虽然也一直强调“用户至上、产品为王”，但一直很难落实到行动上，更多的企业仍然习惯性地站在自己的角度考虑问题，并没有完全将用户的需求当作企业自身的需求；而在互联网时代，不管企业是否真正做到了“用户至上”，消费者都可以通过更多的渠道去发表自己的意见和看法，这就使得企业必须正视自身存在的问题，将消费者的需求确确实实地放在首位，把“用户至上”的思维贯彻到企业生产经营活动中去。

（4）互联网思维下的产品和服务是一个有机的生命体。互联网时代下，消费者的需求是分散的、个性化的，除了基本的产品功能需求外，消费者还有展示其品味、享受企业优质服务等更高层次的需求。这样，消费者的需求就不只是单纯的功能需求那样简单和直接，企业要想充分把握消费者的需求，就必须不断地根据消费者的需求和反馈，对产品进行升级迭代。产品和服务并不是各自独立存在的，其相互之间的紧密联系，有效提升了消费者的忠诚度。小米手机每周迭代一次，微信第一年迭代就开发了 44 次，就是这个道理。

（5）基于互联网思维生产的产品“功能”属性更多。产品不仅追求更为全面的功能，而且还将情感诉求融入产品之中，此时产品也具有一定的传播性。企业为消费者提供了优质的服务，消费者就会将这种情感诉求在新媒体平台上自主地表达出来，从而吸引更多的目标受众的关注和购买。因此，互联网思维下的产品推广，不是简单的“打广告”，而是需要得到广大目标受众的认同，这样才会形成口口相传的传播模式。

（6）有互联网思维的企业组织一定是扁平化的。工业化时代下的企业强调的是“大而全”的等级分明的企业架构，这样更利于企业的生产和经营；而互联网时代下的企业更讲究“小而美”的企业架构，因为互联网思维强调开放、协作、分享，不管是管理者还是普通员工，也不管是生产者还是消费者，相互之间是扁平化的平等协作关系，因为只有在扁平化的企业组织架构下，信息才能以更快、更便捷、更有效的方式进行传递，并且能有效地减少信息传递过程中的失真现象。

2. 全局、跨界思维

全局思维是基于整体化、战略化的角度而产生的思维模式。全局思维既要考虑当下，也要考虑未来；既需要关注整体，也需要强调个体，要结合实际来进行目标的制定。跨界思维是从多个不同的角度来思考问题，从而使提出的解决方案能够更好地解决实际问题。在互联网时代，企业的经营必须从全局战略的高度和跨界融合的角度，思考如何将自身的优势与新媒体平台的优势充分结合，提高企业可持续发展的竞争力。全局和跨界思维具有以下特性：

（1）全局和跨界思维要求前瞻性

互联网时代，企业在经营管理活动中，更加需要从全局和长远利益出发，牢牢把握科技发展带来的机遇。就好像数字成像技术对传统成像技术带来的冲击，间接造成老牌相机胶片生产企业柯达黯然退出市场；移动互联技术的发展和微信等新媒体的诞生，改变了人们的沟通模式。企业要想不被残酷的竞争淘汰，个人要想跟上社会前进的步伐，就必须用全局的思维掌握主动权，用跨界的思维大胆探索。

（2）全局和跨界思维要求融合性

一是企业与消费者之间的融合。不仅是利用社会化媒体消除信息不对称，破除时间限制，扩大传播量，而且充分地发挥出社会化媒体本身在去中心化、个性化等方面的优势，来协调买卖双方之间的关系，在平等的基础上来选择恰当的传播形式和方式，使消费者与企业之间的距离越来越小，使消费者能更深入地了解企业，并对企业有着较高的忠诚度。

二是企业与企业之间的融合。一方面，跨界的双方企业要通过融合，构建新的联系，寻找新的合作场景。比如：此前滴滴代驾邀请有过酒驾历史的高晓松为其代言，而后直接与苏荷酒吧、百威英博合作，都是在主攻酒后代驾的使用场景。另一方面，跨界的双方要通过共享客户、渠道等数据资源，实现深度协同营销和产业链互补。比如：小米与滴滴出行的合作，弥补了小米因产业链不完善而丢失的来自社区的潜在购机客户，也促成了“移动电商+物流配送”的尝试；Darry Ring 与滴滴的合作就是借用了滴滴快车服务的“快”来突出 Darry Ring 拉近恋人之间心的距离的特性，向受众诠释了“一生唯一真爱”的品牌态度。

三是企业与媒体的融合。在这个“自媒体”盛行的时代，当一个企业或产品拥有了海量用户时，该企业或产品本身就成了一个极具号召力的企业自媒体和与用户连接的渠道。成为自媒体的企业或产品，将更多地固化用户消费和支付习惯，增强用户粘性，也能为其他合作企业的品牌开发出新的销售渠道和流量入口。

3. 大数据思维

大数据是利用大数据技术对内容进行提取、分析、处理、利用的数据集合，这一技术是相对于传统数据技术而言的。在技术层面，大数据充分地融合了多种新技术，比如数据挖掘、云计算、数据库技术、移动技术等，通过这些技术可以处理传统数据技术难以处理的海量数据。从产业的角度看，大数据是指通过大数据技术在商业领域的运用，使企业能够充分了解目标人群的需求，从而生产出满足消费者个性化需求的产品和服务，实现商业领域的革命性变革。一讲到大数据，通常都会提到 4 个 V：量大（Volume），积累速度高（Velocity），数据的产生多元化（Variety），价值密度低（Value）。然而，这些只是对大数据在互联网时代超高速增长现象的描述。大数据真正的意义和价值是它改变了我们的思维方式。在大数据时代，我们知道所有能产生数据的应用都有价值，也就是数据有价值。人的任何行为都可以被抽象化。数据有价值是说根据用户行为可以做更精准营销甚至产生新的价值。大数据思维具有以下特性：

（1）大数据思维在对数据进行分析和处理时，并不会从某一个点着手，而是在海量数据之中，来发展这些数据之间的关联性，然后再分析这些数据的共同特征。这就冲破了原有思维框架的局限。比如，美国一家零售商在对海量的销售数据分析处理中发现每到星期五下午，啤酒和婴儿尿布的销量同时上升。零售商通过观察发现星期五下班后很多青年男子要买啤酒度过周末，而这时妻子又常打电话提醒丈夫在回家路上为孩子买尿布。发现这个相关性后，这家零售商就把啤酒和尿布摆在一起，既方便年轻的爸爸购物，又大大提高了销售额。

（2）大数据思维是“以大见小”。大数据思维就是从纷繁复杂的海量数据中甄别分析出我们所需要的数据，因此，大数据的核心功能就是预测，大数据能够预测这一功能体现在很多方面。大数据并非使计算机自身拥有思考的能力，而是通过设定相应的算法，在对海量数据进行分析的基础上提出预测。所以，从大数据的角度来对人们的行为进行分析时就会发现，人与人之间的行为并没有差别，因此商家能够依据大数据更好地了解消费者的行为，这种了解程度甚至超过消费者自己。

4. 共享经济思维

互联网将不同的消费者很好地联系在一起，对于消费者来说，互联网既可以满足消费者购物的需要，也可以将自己不用的物品共享给他人。其实共享经济思维很早就产生了，只不过在互联网时代，共享经济的发展更为迅速，辐射面更广。从最早的二手资源（拍卖网站），到现在的闲置汽车的共享（Uber）、闲置房子的共享（Airbnb）等，因为网络上的随选、搜寻、媒合的交易成本越来越低，未来这种凡事皆可出租的新经济，就称为共享经济。随着共享经济的发展，人们并不会单纯地从消费者角度来进行自我界定，其在商品需求上的观念也发生了转变，也愿意接受从互联网上以较低的成本、更为便捷的方式来获取自己所需要的产品。

共享经济思维就是指本着互惠互利的原则，将社会资源的价值最大化地利用起来，实现共享各方的利益最大化。共享经济思维具有以下特性：

（1）商业变革：用户是商业实现和成功的前提。商业变革源于经济发展诉求，而经济发展源于市场需求。对于互联网企业尤其是移动互联网企业来说，要思考的只有三点：用户是谁？能为用户带来什么价值？途中会遇到什么壁垒？至于商业模式，无非是广告、增值服务和电商等。只有赢得了用户，才能赢得市场。

（2）服务变革：需要从根本上提升产品和服务。共享经济的出现，对应的是市场的需求缺口。而推广共享经济最大的挑战则是用户消费习惯的培养。虽然有市场需求在驱动共享经济，例如 Uber 的创始人正是因为发现了交通服务的巨大需求缺口，才想到启用闲置资源，但如果无法尽快培养用户的消费习惯，建立对共享经济相应服务品牌的信任与好感，共享经济就很难普及。转变消费者传统的消费思维与习惯，其关键还在于为用户提供更高水平的产品或服务。

（3）技术变革：需求为本，技术驱动共享经济。在调研用户需求的基础上，实现产品和服务的优化，其中技术便是最重要的驱动力，以技术为驱动，创造出符合消费者需求的产品和服务，才能获得消费者的认可。移动通信技术的快速发展，为共享经济营造了更为有利的外部环境。随着营销方式的变革与发展，在

“营销 4.0”阶段，将会进一步实现大数据技术、人工智能、工业制造间的整合，不同技术、不同领域、不同设备之间的交互将更深入。概括来讲，就是“营销 4.0”，包括“大数据应用”“人工智能”“VR/AR”以及“工业 4.0”这些方面。其中“营销 4.0”的“VR/AR”会采用全新的虚拟现实技术，因此必将引起下一次的屏幕革命。业界也称，以“营销 4.0 计划”为首的三大营销计划将为营销的发展插上人工智能的翅膀。

第二章　图书馆新媒体营销

第一节　图书馆新媒体营销定位

移动互联网时代，网络营销推广成为一种新的营销方式，新媒体对于图书馆自身的宣传推广发挥着重要作用。做好图书馆新媒体营销，首先要做的就是明确新媒体运营方向，做好运营定位，包括用户定位、平台定位和内容定位，保证新媒体平台后续发展的正确性和有效性。

一、用户定位：明确用户群体

在图书馆的新媒体运营中，确定明确的目标用户是其中非常重要的一环。而在进行平台的用户定位之前，首先应该做的是了解平台针对的人群，他们具有什么特性等问题。关于用户的特性，一般可细分为属性特性和行为特性两大类，具体分析如图 2-1 所示。

在了解了用户特性的基础上，接下来要做的是进行用户定位。用户定位一般包括 3 个步骤，具体内容如下：

1. 数据收集

可以通过市场调研等多种方法来收集和整理平台用户数据，再把这些数据与用户属性关联起来，如年龄段、学历和地域等，绘制成相关图谱，就能够大致了解用户的基本属性特征。图 2-2 为某图书馆的用户年龄段分析。

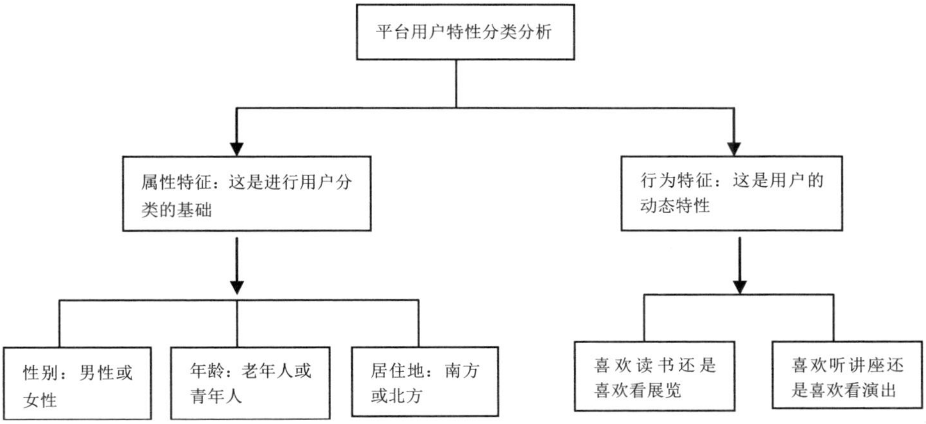

图 2-1　平台用户特性分类分析

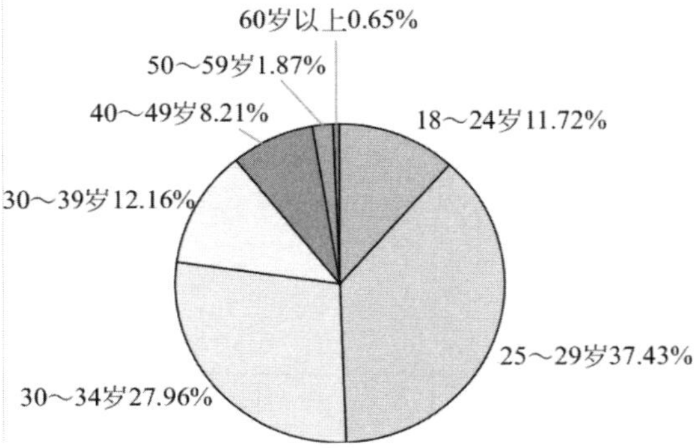

图 2-2　某图书馆的用户年龄段分析

2. 用户标签

获取了用户的基本数据和基本属性特征后，就可以对其属性和行为进行简单分类，并进一步对用户进行标注，确定用户的可能阅读率和可能活跃度等，以便在接下来的用户画像过程中对号入座。

3. 用户画像

利用用户属性标注，从中抽取典型特征，完成用户的虚拟画像，构成平台用户的各类用户角色，以便进行用户细分。

二、平台定位：确保正确方向

图书馆在新媒体运营中，首先应明确所要运营的平台是一个什么类型的平台，并以此来决定平台的基调。平台的基调主要包括 5 种类型，分别是学术型、媒体型、服务型、创意型以及恶搞型。在做平台定位时，应该根据自身条件的差异选择具有不同优势和特点的平台类型，具体分析如图 2-3 所示。

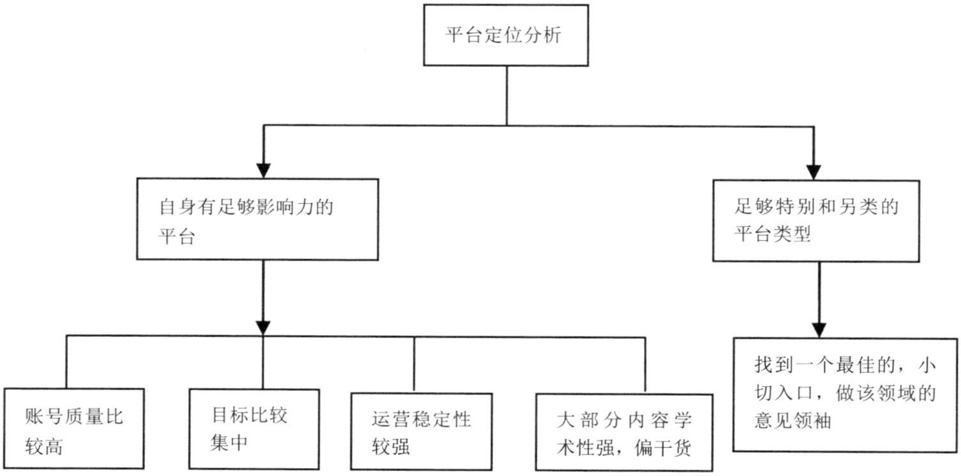

图 2-3　平台定位分析

在新媒体运营中，企业、机构和个人平台运营者主要通过网红、90 后创业奇才、行业意见领袖、BAT 背景以及学术范 5 种途径更好地实现平台定位。图书馆因其深厚的文化底蕴，可以通过学术范和行业意见领袖的途径进行定位。另外，在定位平台、选择平台类型的同时，还应该对平台的自定义菜单进行相应规划，以便能够清楚地告诉用户“平台有什么”。对自定义菜单进行规划，其实质就是对平台功能进行规划，它可从以下 4 个维度进行思考和安排，分别是目标用户、用户使用场景、用户需求和平台特性。值得注意的是，做好平台定位是非常重要的，因为只有做好了平台的定位，并对其基调进行确定，才能做好下一步要进行的用户运营和内容运营策略，最终促使平台更好地发展。

三、内容定位：具有鲜明特色

内容定位即图书馆新媒体平台能够给用户提供什么样的内容和功能。在运营过程中，关于平台内容的定位这一问题应该做好 3 个方面的工作，具体分析如下：

1. 明确内容的发展方向

明确内容的发展方向是平台内容供应链的初始阶段的工作，是做好内容定位的前提和准备。具体分析如图 2-4 所示。

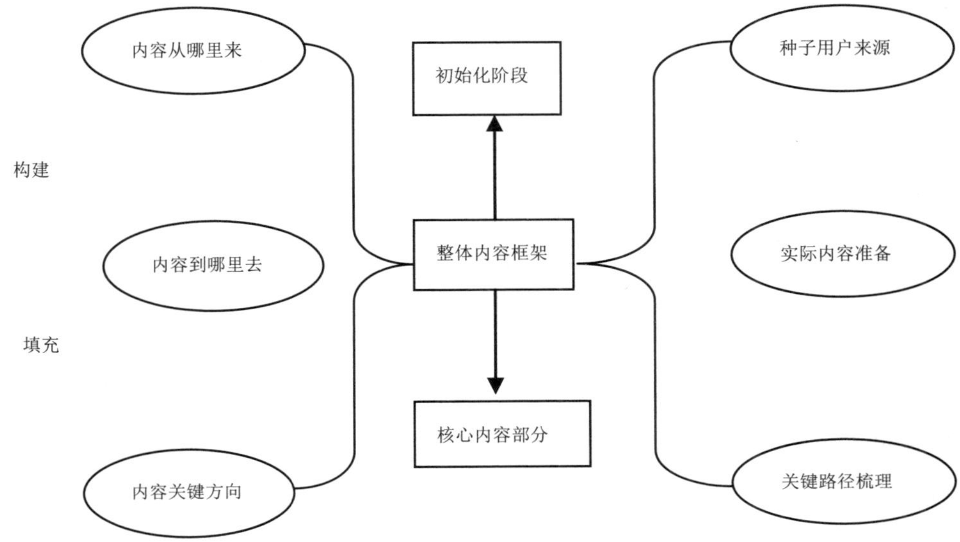

图 2-4　明确内容发展方向的具体分析

2. 明确内容的展示和整合方式

在内容定位中，还应该明确运营阶段的内容展示方式。在优质内容的支撑下，怎样更好地展示平台内容，逐步建立品牌效应，是扩大平台影响力的重要条件。关于平台内容的展示方式，一般分为 4 种，如图 2-5 所示。

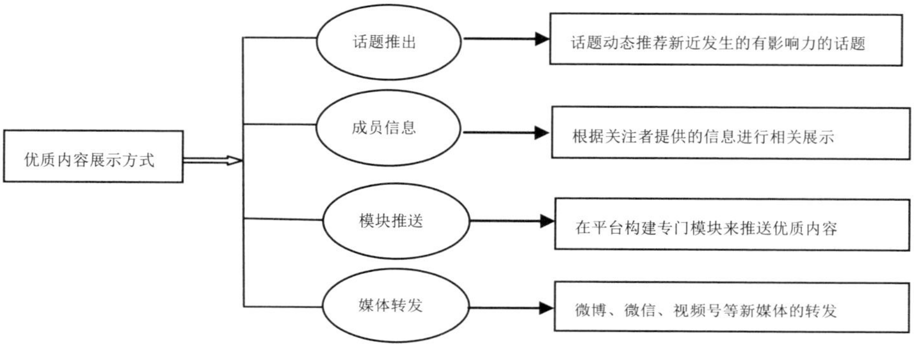

图 2-5　优质内容展示方式分析

在确定内容展示过后，接下来更重要的是要明确内容的整合方式，以便集结同类优质内容。具体说来，内容整合的方式有 3 种，即话题问答整合、刊物方式整合和用户内容整合。

3. 明确内容的互动方式

除了做好初始阶段和运营阶段的内容定位，还应该明确宣传阶段的内容定位，即怎样进行平台内容互动的问题。图书馆与用户进行交流，更有利于新媒体平台内容的传播，用户的接受能力也更强，从而加深用户对于新媒体平台的信任度和支持度。在明确互动方式的内容定位过程中，需要把握的关键点如图 2-6 所示。

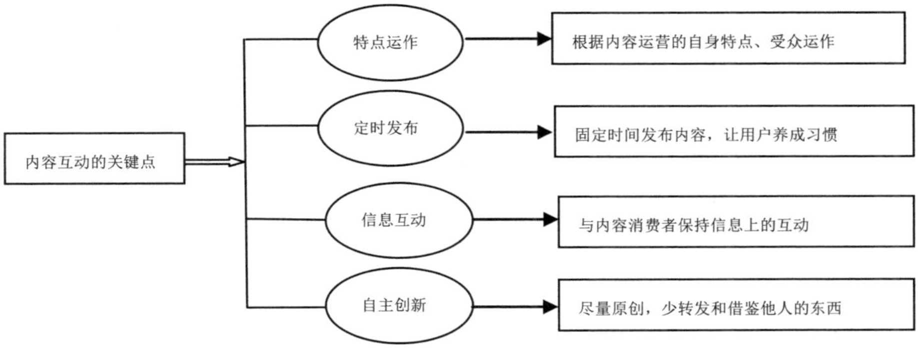

图 2-6　把握平台内容互动方式的关键点分析

第二节　图书馆新媒体运营

一、什么是新媒体运营

新媒体运营就是利用新媒体平台来进行品牌宣传、产品营销等方面的运营。新媒体运营常用的方式就是围绕品牌策划一些具有高度传播性的内容与线上活动，有针对性地向用户推送消息，提升客户的参与度与品牌的知名度。

1. 运营级别

根据新媒体运营的层级，可以分成初级、中级、高级三个级别。其中，初级运营：选取新媒体运营过程中的拉新、留存、促活中的某一方面来进行运营，比如微博运营、运营策划等。中级运营：覆盖“拉新、留存、促活”3 个环节。高级运营：贯穿“拉新、留存、促活”3 个环节，拥有更丰富的资源和更大的布局。

2. 运营流程

新媒体运营流程的三大环节，分别是拉新、留存、促活，如图 2-7 所示。拉新：在市场细分的基础上明确目标客户群体，并获得更多的新客户。留存：提升客户满意度，使其成为忠诚客户。促活：针对流失客户，采用一定方式使其再选择服务或产品。

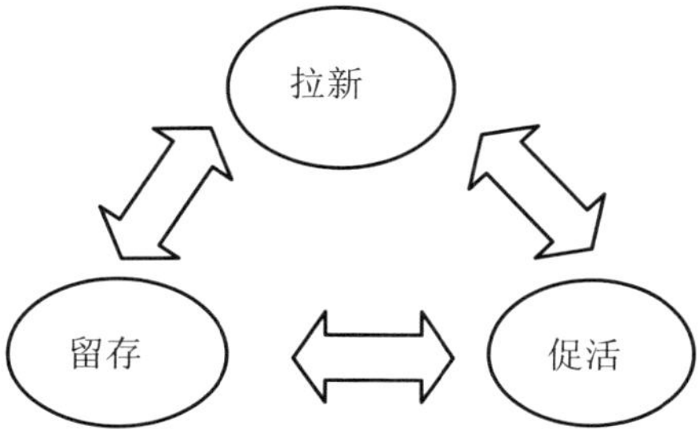

图 2-7　新媒体运营流程的三大环节

3. 运营内容

新媒体运营的内容涵盖多个方面，如用户、社区、活动、内容、商务等多种运营。

二、图书馆新媒体运营范畴

图书馆的新媒体运营是一种品牌营销思维与市场营销思维，无论是微博运营还是微信运营，都只是一种途径。图书馆新媒体运营涵盖的内容非常丰富，包括内容生产、新媒体活动策划、资源揭示推广、品牌形象塑造、用户服务等。所以，图书馆在实施新媒体运营之前，需要先了解与新媒体相关的运营范畴。

1. 新媒体平台管理运营

新媒体平台管理运营包含微信、微博、短视频与在线直播平台、喜马拉雅网络电台等。

2. 内容营销服务

图书馆新媒体提供的内容营销服务包括打造图书馆品牌、发布活动信息、为用户提供即时有效的服务、揭示馆藏资源等。

3. 新媒体运营的方法

图书馆新媒体运营的方法主要包括以下几个方面：构建以微信、微博、App为核心的新媒体矩阵，实现用户体验的升级；基于新媒体的用户运营与服务；开展与互动营销、内容营销、事件营销有关的线上营销活动。

三、新媒体运营技巧

1. 给账号添加个性化标签

在新媒体时代，“标签化”是一个人的个性化表达，蕴含的是其独特而鲜明的价值主张，它能聚集价值观相近的人，从而产生更多的社交连接。

2. 跟热点

运营人员要理智、巧妙地抓热点，对那些社会负能量的热点和与负面新闻有关的热点要尽量少跟，最好不跟，以免使品牌形象受到不良的影响。

3. 跨界合作

与相关行业共同策划活动，共享或交换资源。

4. 熟悉自己的资源、服务与平台

对新媒体运营人员来说，熟悉图书馆的资源、服务与平台是最基本的工作。如果运营人员不熟悉图书馆的业务，不清楚图书馆的资源与服务，就无法向社会公众进行有效推介。如果运营人员不熟悉微信、微博的功能，就无法引导粉丝关注。

四、新媒体运营要素

图书馆新媒体运营要素可以结合图书馆的实际，细化为平台、内容、用户、传播等四个方面的要素，每个要素都包含非常丰富的内容，具体如图 2-8 所示。

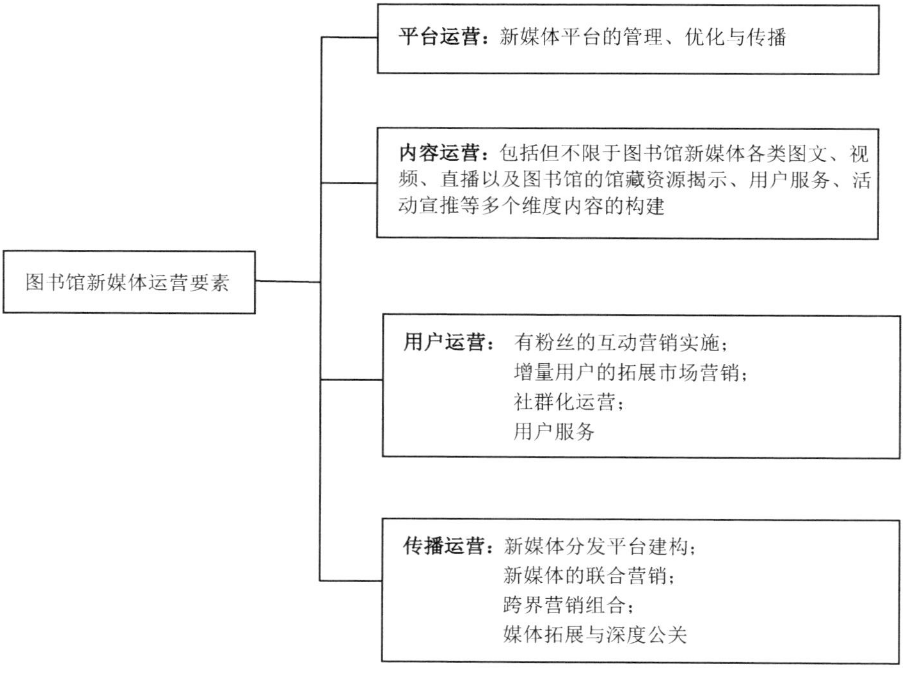

图 2-8　图书馆新媒体运营要素

第三节　图书馆新媒体营销团队

随着大数据时代的来临，单打独斗的局面已经很难适应时代要求，新的市场和变革正在不断印证着一句话："没有成功的个人，只有成功的团队。"一个人的力量终究是有限的，再有能力的人也离不开团队的支撑。很多人在创业的过程中也充分地认识到，拥有一流的人才，不如拥有一流团队。团队的重要性可见一斑。一个项目的成功运营取决于它独到合理的"团队人才"结构体系，不同能力的人才在团队中发挥互相协作的合作精神，成功地形成了符合自身发展特色的团队人才体系。

一、新媒体营销团队构成要素

团队是由多个个体通过某种形式组成的一个群体，在这个群体中，个体既包括普通员工，也包括管理人员，他们相互之间是协作的关系。通过发挥团队内每个成员的能力以及成员间的协作，才能实现团队的目标。新媒体营销团队由以下要素组成：

1. 共同的目标营销

目标是团队的旗帜和方向，用以凝聚力量、鼓舞士气、统一行动。尤其在团队创建初期，目标一致尤为重要，它可以将彼此紧紧联系在一起，使分散的个体凝聚成一股强劲的力量。在遇到困难的时候，团队每个成员都知道该去做什么，从来不等待、不推诿，这就是目标的力量。

2. 合理的结构团队

一般由三个以上成员构成，人是团队最核心的因素，人员的选择也是创业团队中最关键和最重要的因素。团队中不同成员的职能或者职责是不同的，比如团队中同时存在着策划、计划制订、执行、沟通、协调、组织、管理、监督等多种职能，这些职能明确了团队成员间的分工，这样才能更好地达成团队目标。所以，新媒体营销在进行团队组建时，就要围绕着团队目标来进行人员的评估和选择。

3. 恰当的分工

在新媒体营销团队当中，职责分为两个方面：

一是领导者职权。在一个团队中必然存在着领导者与被领导者，在团队刚建立时，领导者的权力是比较大的，而随着团队建设不断地完善，领导者的权力将会减小。

二是团队整体的职权。组织是由多个不同团队组成的，因此在团队成立之时，就需要明确团队整体所拥有的权力及其职责。

二、新媒体营销团队成员的角色定位

团队组建时，需根据团队结构物色成员，实行分工协作。在团队中每个成员都扮演着不同的角色：有的人是团队的领导，有的人是执行人，有的人擅长与团队以外的有关方面进行有效地协调和沟通。在团队职权范围内，团队内部的协作水平越高，团队的优势体现就会越明显。结合团队角色定位，可以明确团队不可缺少的角色有：

1. 主导者

主导者能耐心听取别人的意见，但在反驳别人的意见时会表现出足够的强硬态度；能很好地授权给他人，是一个好的咨询者，一旦做出了决定就不会轻易变更。

2. 策划者

策划者是一个“点子型人才”，知识面广，思维活跃并且发散，喜欢打破传统。

3. 协调者

协调者是以中间者的身份，能围绕着团队目标，从客观的角度对团队内不同成员间的关系进行协调，从而更好地发挥出团队成员的作用；协调者拥有较强的感召力，拥有敏锐的发现能力，能结合成员个体的实际情况来进行协调安排工作。

4. 信息者

信息者拥有较强的信息获取能力，对内部、外部环境有着非常好的感知力，同时也拥有较强的交际能力。

5. 创新者

创新者往往不拘泥于当前已有的各种因素，其拥有较强的想象能力，敢于打破常规，能通过积极的挑战、创意和创造，为问题的解决提供新的思路或方法，但也可能存在不切实际的情况。

6. 实施者

实施者会把想法变为实际行动，非常现实、传统，甚至有点保守，能根据计划付诸实施，能遵守团队制定的各项制度，能将团队利益置于个人利益之上。

7. 推广者

推广者有着较高的积极性与主动性，能依据团队目标，自发地进行计划的制订、以及思考解决问题的方法，其目的是实现团队目标，富有竞争性思维。

8. 监督者

监督者对工作方案的实施等实行监督；喜欢重复推敲一件事情，决策时能把范围很广的因素都考虑进去；挑剔，但不易情绪化，思维的逻辑性很强。

在实际工作中，一个团队不一定要同时具备以上八种类型的角色，要根据实际情况来确定。

三、新媒体营销团队的组建原则和架构

1. 选择团队成员的原则

要组建新媒体营销团队，首先需要考虑并弄清团队计划中所需人员应具备的知识、素质和能力，之后按照实际需要选择和组织能够担当各种职责的成员。一般而言，组建新媒体营销团队要遵循下述原则：

（1）人数合理

新媒体营销团队刚开始组建的时候，会碰到很多意料不到的问题：人少了，团队的群体效应没发挥出来；人多了，思想不统一，碰到困难很容易引起争执。一般初建阶段的团队应不超过 10 人，这样可以便于组织领导与任务分工，能够保证团队各项工作完成的速度和质量，对市场能够迅速反应，提高效率、保证质量。

（2）技能互补

一个新媒体营销团队应包括以下基本人才：负责团队分工协调和紧急事务处理的管理型人才，负责活动策划的创意型人才，负责内容编辑和运营推广的实干型人才等。在团队创建初期，每个团队成员都应注意个人其他潜力的培养和挖掘，不仅能够做到人尽其才，而且要人尽其用、一人多用，让每个人都具有独当几面的能力。

（3）目标统一

目标是一个团队得以建立的关键性因素，这也是团队开展工作以及努力的主要方向。同时，目标也是实施团队激励的重要内容。明确的、在团队成员中得到共同认可的目标，能够使团队成员更好地实现团队目标与个人目标的融合，这样才能推动目标的实现。目标也是有效的协调因素。团队中各种角色的个性、能力有所不同，但是“步调一致才能取得胜利”。

（4）责任心强

一个没有责任心的人无论多强大永远都不会成功。团队成员要做到有责任心，而不是相互推诿，相互拆台，每个人都要肩负起自己的责任，为团队目标共同努力。

2. 新媒体营销团队的架构

图书馆新媒体团队人员包括运营决策人员、平台实施人员和营销转化人员。图 2-9 对这些人员的要素做了系统比较，图书馆新媒体运营过程是多种因素的综合管理，不是一个简单的行为。

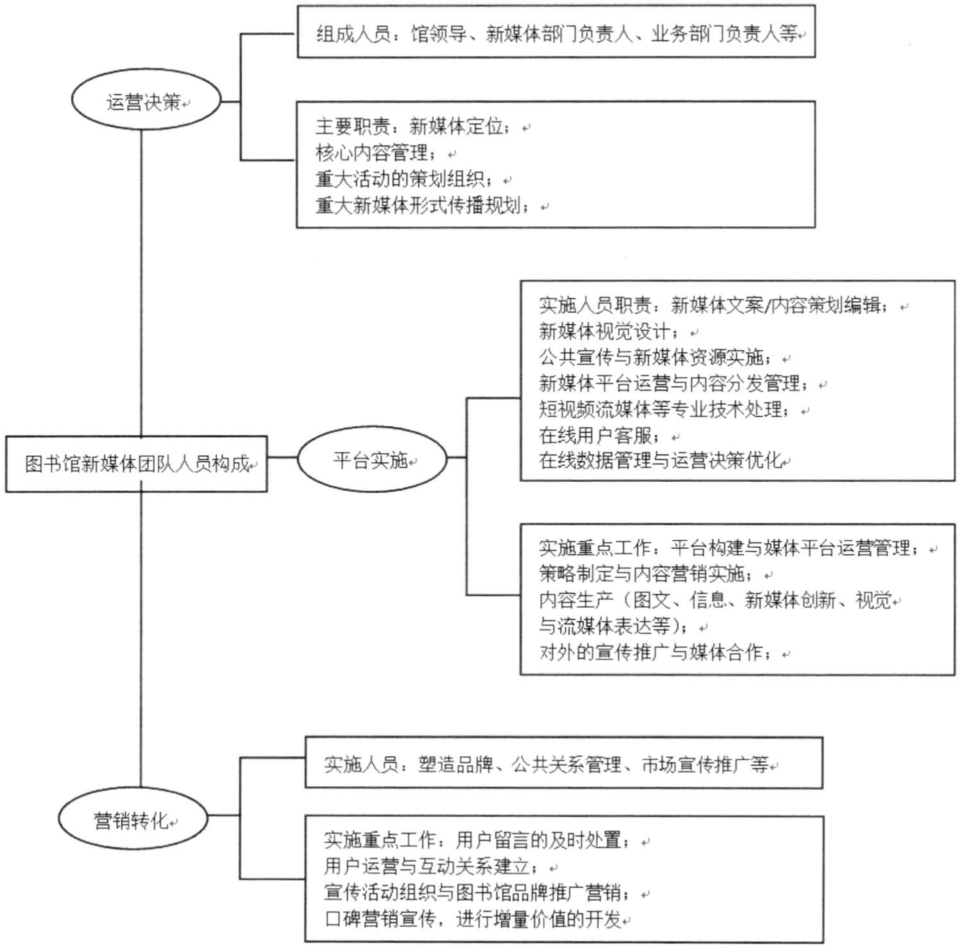

图 2-9　图书馆新媒体团队人员构成

四、新媒体营销人员基本素质

1. 了解新媒体

作为新媒体的从业人员，首先，要对新媒体本身有一定的了解，了解的层面包括它的含义、特点、类型等。

2. 软文写作能力

作为新媒体营销人员，首先，得会写软文，尤其是高质量的软文，要求有可读性，内容有深度，有趣味，有吸引力。如果没有比较好的文笔，或者说不能长久地坚持写文，那这份工作就很难做好。其次，软文要与网络环境相一致。在进行软文写作的过程中，要从多个渠道进行信息的获取和整理，要能敏锐地抓住当下的热点话题。在新媒体运营的过程中，对未来趋势的准确预测是核心。但在实际操作过程中往往会存在多种情况，此时就需要结合实际来预测发展的趋势。

3. 玩转公众号的能力

目前主要的新媒体平台包括微信和微博。

在微信营销中主要存在着订阅号、服务号、小程序三种类型。玩转这三个营销工具，才能做好微信营销。一般来说，订阅号主要是活动或业务宣传推广，服务号主要是对用户进行服务推广，小程序号主要是做专题服务。另外公众号的营销方式主要有：广告主（属于付费营销的腾讯广点通）、H5 制作、微信公众号第三方营销活动（微商城、微官网、微投票等）、微信小程序运用等。

微博现在更多的作用是社交，但对于图书馆来讲，它是非常重要的营销工具。

4. 玩转自媒体的能力

当前国内自媒体平台比较多，比如百家号、大鱼号、企鹅号、头条号、网易号等。作为新媒体运营人员，也要学会去运作，在这些自媒体平台都可以开设图书馆专用号。

5. 懂得基础的视频剪辑、图片处理、H5 的制作

目前视频剪辑功能最强大的是 Adobe Premiere，还有国产的剪映、爱剪辑和优酷 IDO。在图片处理上可以选择 Photoshop 或者国产的美图秀秀、光影魔术手等；在音频处理上可以选择 Adobe Audition。

6. 懂得其他平台的营销

做新媒体运营，主要是“两微”以及其他一些自媒体平台。新媒体运营比如社群营销，主要是 QQ 群和微信群；微社区，可以将微社区放在公众号后台来起到营销的效果；问答营销，比如目前盛行的知乎、百度问答等；百科，目前有四大百科，即百度百科、360 百科、搜狗百科和互动百科；博客、论坛营销，如常见的新浪博客、百度贴吧等，新媒体运营人员也要学会运营这些平台。另外还有文库营销，比如百度文库、道客巴巴文库等；地图营销，比如百度地图、高德地图。新媒体运营和 SEO（搜索引擎优化）其实有很多共通之处，除了以上这些营销平台（工具）外，还可以做的有百度经验、百度数据开放平台中的客服电话、新闻源营销（付费发布软文）等。另外，各个搜索引擎还有很多产品，比如百度音乐，新媒体运营人员也可以了解一下。在电商领域，阿里、京东、苏宁等都是非常有名的，其客户群体也是非常多的，这方面也可以了解一下。

7. 不断学习的能力

新媒体运营，主要包括三个方面，平台、操作、营销。首先，目前有流量的平台都可以了解和使用。其次，每个平台有自己的规则，按照规则去操作即可，不会操作可以上网学习，学习的网站有腾讯课堂、网易云课堂、搜外网和课工场等。最后，要具备营销思维就需要不断地归纳思考，不断地学习，不断地改变。

8. 具备良好的心态

新媒体从业者的基本素质就是具备良好的心态。“心态决定成败”这一观点在任何方面都适用，好的心态往往会影响到一个人的行为。心态不好的话，不管是在工作中，还是在生活上，做事出错率都会很高。新媒体从业者一定要经得起诱惑，抗得住压力，只有这样才能将本职工作做好。

第三章　图书馆新媒体营销实操指南

第一节 新媒体活动策划

一、活动策划流程

新媒体活动在策划时往往会遵循一定的流程，即准备、策划、实施、总结等过程。

1. 做好活动准备工作

确定新媒体策划的目标。如果无法清晰界定活动目标，就难以根据目标制定具体的行动方案。一般来说，不同的活动目标不同，要根据各项活动的目标，策划不同的活动方案和活动方式。

2. 做好活动策划方案

在进行活动策划之前，需要将活动总体方案简单策划出来，策划出一个大体的活动雏形，为后续工作提供有效方向。一般来说，在活动总体方案中至少要列出 6 个事项，分别是：明确活动主题、确定活动时间、确定活动地点、确定活动对象、安排活动流程、估算活动经费。在进行活动策划之前，活动总体方案无需太过详细，不要花太多的时间在策划前的准备工作上。只需满足 3 个要求：一是简单、明了、易懂；二是内容无需过多；三是方案要素需全面。

3. 制定工作表

制定严谨、具体的工作安排表是活动策划不可缺少的一环。活动运营者需要将工作落实到 3 个方面，分别是合适的部门、合适的人、具体完成时间。在进行活动工作表的制定时，往往需要考虑到活动开展前的准备工作以及活动当天的工作这两个方面。下面以图书馆新闻发布会为例，介绍策划活动的工作安排表，如表 3-1 所示。

表 3-1　活动工作安排表

活动名称	第六批国家珍贵古籍名录新闻发布会		
活动主题	向社会公布《第六批国家珍贵古籍名录》		
活动开始时间	2020 年 11 月 13 日上午 10:00		
时间表			
用途	**部门或人员**	**用时**	**完成日期**
确定会场	办公室张某	7 天	11 月 9 日
确定发布人员	办公室李某	7 天	11 月 6 日
文字材料起草	研究院杨某	14 天	11 月 9 日
会场设计	设计部门徐某	3 天	11 月 9 日
会场布置	办公室张某	2 天	11 月 11 日
会场检查	办公室张某	1 天	11 月 12 日
邀请记者	宣传部门王某	2 天	11 月 11 日
宣传推广	宣传部门王某	7 天	11 月 13 日—20 日

活动运营者在进行工作安排时需要细分工作表，将工作严谨地分配到合适的部门上去，且规定合理的、具体的完成时间。在时间安排上，最好将具体工作安排到分钟，越精确越好，这样可以缓解工作落实不到位的情况，避免活动当天出现纰漏。

4. 制定工作流程表

活动运营者需要将活动期间的流程安排到位，将它一一列举出来，让工作人员和参与人员知道大概的活动流程。这样的活动安排才会更加严谨，这样才能保证活动的成功举办。依然以新闻发布会为例，来大致了解活动具体流程表，如表 3-2 所示。

表 3-2　活动流程表

活动名称	《第六批国家珍贵古籍名录》新闻发布会	
活动主题	向社会公布《第六批国家珍贵古籍名录》	
活动开始时间	2020 年 11 月 13 日上午 10:00	
活动地点	309 会议室	
事件	**时间**	**具体描述**
签到	11 月 13 日 9:00—10:00	媒体签到
主持人开场白	11 月 13 日 10:00—10:08	介绍发布会议程及发布会嘉宾等情况
公布第六批国家珍贵古籍名录	11 月 13 日 10:08—10:20	公布《第六批国家珍贵古籍名录》并介绍评审情况
介绍相关情况	11 月 13 日 10:20—10:35	介绍名录主要特点以及进一步做好古籍保护工作等情况
介绍评审情况	11 月 13 日 10:35—10:40	介绍评审具体情况
答媒体记者问	11 月 13 日 10:40—11:00	回答记者相关问题

5. 明确预算

活动运营者需要根据活动类型、活动项目、活动具体情况来制作真实、合理、详细的活动整体预算表。

6. 明确活动可行性

要顺利举办一场活动，不仅需要投入人力、物力，还要将各方面的因素都考虑周全，避免出现不必要的错误。通常情况下，在界定活动执行的可行性时，需要考虑以下两个方面的内容：

（1）实际操作

从实际操作方面进行分析，需要考虑活动的运行能力的主观条件和人力、物力等客观条件。抛开运行能力不谈而去谈活动无异于纸上谈兵，没有人力、物力等客观条件支持的活动就像是空中楼阁。

（2）是否可行

从可执行性方面进行分析，我们需要了解 4 点，具体分析如表 3-3 所示。

表 3-3　活动的可执行性分析

效益与风险之间的指数	活动的成败决定了活动是带来效益还是风险，要把活动中存在风险的因素去除，以确保活动顺利进行
成本与效益之间的指数	活动具有效益但也需要成本，要把握好二者之间的关系，从而确保活动效益大于活动投入成本
活动方式是否科学	只有科学合理的工作方式才可以节省活动运营成本，缩短活动的筹备时间，保障活动顺利完成
活动内容是否合法合规	了解活动会场的设施布置是否符合相关规定，这样可以避免发生“千里之堤，溃于蚁穴”的情况

7. 制定备用方案

一般活动策划都会在活动开展前的 1 个月进行，由于时间过长，无法预测活动当天会发生的事情，所以活动策划者需要做出一份备用方案，来应对突发情况。

8. 选择活动团队，做好人员安排

在活动组织上，活动运营者进行活动策划时需要组织一个团队，共同完成活动的策划及后续实施工作。团队人数根据活动规模大小来确定。一般小型活动在 10 人以下即可，而大型活动要根据活动的具体要求进行人数的拟定，并明确每个人的工作职责。

9. 做好宣传工作，提升活动效果

宣传对一个活动运营能否成功有着非常大的影响，要结合活动运营的实际需要，从活动开展的前、中、后三个层面来展开宣传。

（1）宣传预热

恰当的宣传方式，是保障活动成功开展的前提。当宣传效应非常好时，活动的成功率会大大提高；若宣传效果不佳，那么活动效果就会大打折扣。活动宣传预热可以保证活动顺利进行和活动目标的顺利实现。首先，应选好宣传渠道，要考虑其渠道是否能为活动的宣传带来最大化的效果，防止宣传活动变得一种既“烧钱”又“无用”。因此，活动运营者在选择宣传渠道时，需要考虑 3 个问题：一是目标用户是否在此渠道比较聚集，二是此渠道能给活动带来怎样的宣传作用，三是活动是否适合此渠道的整体风格。活动运营者在选择活动宣传策略时，需要在宣传策略中融入 5 大特色，才会具有吸引人们注意力的作用，如图 3-1 所示。

图 3-1　活动宣传特色

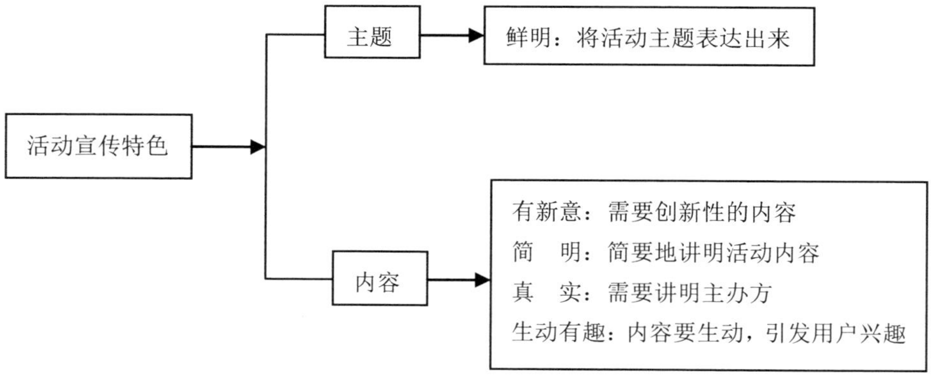

（2）宣传发酵

要保证活动的顺利进行和活动目标的顺利实现，运营者还需要对宣传进行再次发酵，制造引爆点，让宣传效果更上一层楼。当然，这里的宣传发酵，一般是在活动顺利落地过程中和刚结束时进行的。它是对活动发起的又一轮新的宣传，旨在通过活动举行过程中出现的一些值得宣传的点，加以巧妙包装，让其有引爆的机会，从而收获海量用户关注，提升品牌形象和知名度。一般来说，宣传发酵这一阶段中的宣传，其用于发酵和引爆的点才是活动运营者运营的中心内容。这个“点”的选取是要注意技巧的，具体如下：

- 要有价值，最好还能借势热点宣传；
- 要有讨论性，问题答案不能一边倒；
- 切入点要新颖，能调动用户的好奇心。

10. 控制节奏，让活动完美收官

活动运营者对于活动节奏的控制十分关键，因为活动的节奏会直接影响到活动的效果。节奏太快，受众跟不上，只有放弃参与；节奏太慢，受众等不及，也会离开。合适的节奏才能增强活动效果。想要制造出合适的活动节奏需要从以下3 方面入手，即氛围节奏、时间节奏和流程节奏。其中，流程节奏很好理解，指的是活动流程的各个环节，需要在规定的时间内完成，不能让个别环节拖延或仓促进行。接下来，本文将对控制活动节奏的其他两个方面进行详细讲解。

（1）把控氛围

控制氛围节奏的方式在促销活动中十分常见，通常都是运用“饥饿营销”的方法在消费者中形成一种强烈购买意愿的氛围，再激发消费者抢购的热情。例如，在某促销会上，对于有购买意愿的消费者先进行适当压抑，不让其购买，而是向购买产品后的消费者不断宣传产品如何好，消费者买后会觉得特别值得。在让消费者被激起强烈的消费欲望并且有点不耐烦时，再开始贩卖产品。同时不断推荐产品，然后告诉消费者产品是最后一批了。通过这一系列的氛围节奏控制，原本只买一件的消费者会多买几件，原本打算看看的消费者也会立即购买。

（2）掌控时间

任何一种包含了时间和空间两个方面的立体艺术表现形式，都必然会经历起始、渐强、高潮、渐弱、落幕这 5 个阶段。在这 5 个阶段中，起始、高潮和落幕 3 个点最能被观众记住。因此，活动策划者要善于控制活动的时间节奏，在活动的关键时间将表现活动目的的关键内容呈现出来。以促销活动为例，一开始便打出了“大甩卖”的噱头来吸引顾客，然后在活动进行到高潮时，又打出“挑战全年最低价”的广告语再度吸引顾客抢购，最后在活动快结束时再打出“最后 1 天”等字样的广告语，营造紧迫感，让顾客忍不住再次抢购，让活动完美收官。

11. 复盘总结，总体把握运营成果

活动结束后，要对活动进行评估总结：哪些地方成功，哪些地方出现失误，还有哪些地方需要改进，预期的活动目标是否实现……这些都是在活动结束之后的总结报告中需要提及的问题。活动运营是一份需要经验积累的工作，而活动结束后正是活动运营者积累策划经验、总结活动出现问题的大好机会。活动总结主要有 3 个主要任务，即总结优点、总结不足和活动复盘。从总体要求上来讲，需要的是客观、严谨的总结。所以指出不足、互相批评很重要。但也不要忽略活动运营中做得优秀的地方，这是宝贵的成功经验。其中，总结活动中出现的不足之处和本可以避免的问题是活动总结工作的重点。活动运营团队中的策划方和执行方可以相互指出对方的问题，以及由于对方的原因而引发的自己这方面发生的问题。这并不是互相推卸责任，而是通过这种先暴露问题再解决问题的方法，来增加活动运营团队的磨合度。这对今后的活动策划工作十分有帮助。从某些意义来看，复盘的内涵大于总结。对活动进行复盘推演有助于活动运营者发现难以注意或是容易被忽略的细节问题，这样可以及时地更新并提高活动运营者的活动处理经验和技能。

二、活动技巧

1. 有趣、简单，活动的两大必要特点

有趣是活动的核心。只有有趣的活动才能吸引人。用户关注某一方面的信息，有一个重要的原因，那就是有趣。有些在运营的产品就是因为其趣味性而获取了海量用户的关注。当然，对于活动来说，有趣不仅表现在内容上，它还需要在其他因素的配合下才能完美表现出来。说到这里，就不能不提及第二个必要的特点，即简单。假如你是活动的参与者，看到流程复杂的活动，你还会感到有趣吗？你还有心情去参与吗？我想应该是不会的。所以，在进行活动运营时，不仅应该把活动的趣味性考虑进去，还应该想到活动步骤要简单，以确保活动的体验门槛要低。只有那些规则简单，让人一眼就能明白怎样参与的活动才会吸引更多的人关注。否则，用户不明白，还需要运营者和客服一个个去告诉他们怎样操作。那么不仅对用户来说是一种不好的体验，没有耐心的人根本就不会参与，对活动举办方来说也是一个额外的负担。

2. 击中心灵触发点，更乐意关注和转发

推出触动人心的话题活动，运营者其实是基于某一触发点来说的。试想一下，假如你推出的活动能更进一步，直接击中用户心灵，那么这样的活动所带来的影响力是难以估量的。能吸引众多用户的关注，这更是运营者的一大成功。我们平时在关注文章、视频等内容时，总是会不由自主地被其中的某一句或一段文字，或是某一刻的场景所感动。假如把这些易感动人、易击中用户心灵的内容，加入运营的活动中去，或是在运营的活动中设置能直击用户心灵的活动环节，那么用户一般都会乐于关注并转发。如果还不满意运营的效果，那么再加一道保险，即在热点事件或热点时间节点的配合下，开展能直击用户心灵的活动，那么这一活动的效果是显而易见的。

3. 提供讨论话题，让气氛越炒越热

俗话说，“一千个读者就有一千个哈姆雷特”。同样的事物，在不同人的眼中，可能对其的认识会存在着较大的差异。正是这种差异性，引来众多人关注，从而让众多话题传播开来。假如把这种差异性在话题源头上就加以扩大，那么由此吸引过来的用户无疑是海量的。因此，在活动运营中，假如提供一个大家都有兴趣的话题，开展一个关于话题的讨论活动，双方参与讨论，那么这一活动的气氛只会越炒越热，吸引越来越多人的注意力，最终产生“爆炸性”的效果。2019年，国家图书馆借助世界读书日，通过其官方微博发起了“全民阅读季”的活动，并邀请了明星发起全民阅读的倡议，针对这一活动的讨论数超 163 万条，阅读量突破 8.7 亿人次，成为图书馆新媒体活动中第一个亿量级的网络互动。

三、营销推广步骤

1. 制定营销目标

一个完整的新媒体营销方案包括图书馆在营销过程中新媒体营销的角色定位、新媒体营销目标与预算的制定、绩效的考核、团队岗位的搭配、新媒体团队的管理等内容。明确了新媒体运营的角色定位之后，就要制定新媒体运营的目标。一般来讲，新媒体运营目标的制定可以参考以下原则，如图 3-2 所示。

（1）参考第三方平台的数据

对于运营者来说，应该尽可能获取更为准确的数据，比如选择第三方平台提供的数据，以这个数据为参考，尽量少使用计算公式，以免计算结果失准，影响运营目标的正确性。

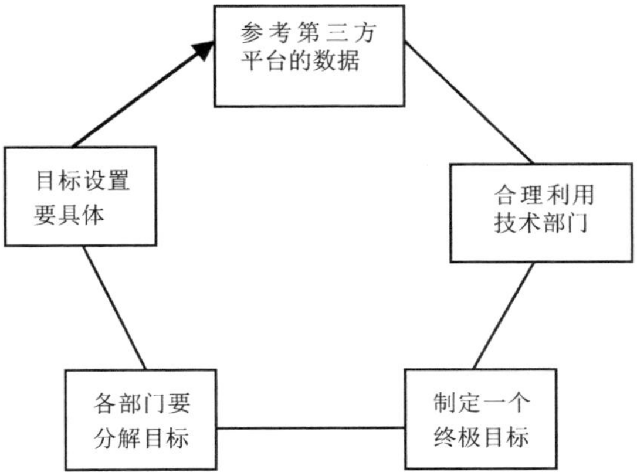

图 3-2　新媒体运营目标的制定原则

（2）合理利用技术部门

如果运营者无法直接从第三方平台获取可以参考的数据，就可以让技术部门用统计报表系统对数据进行监控，从日指标着手，逐渐向周指标、月指标、季度指标、年指标延伸。

（3）制定一个终极目标

新媒体运营要制定终极目标，如微博运营要以“日访问量达到××”为终极目标；工具型 App 运营则要以“日活跃率达到 ××”为终极目标。

（4）各部门要分解目标

目标可以划分为事务、结果两种类型。其中事务目标可以分解为每周发布××篇内容，其中××篇内容为原创；结果目标可以分解为本月微博曝光量较上月增长比例，微信文章的打开率、转发率等。

（5）目标设置要具体

设置新媒体运营目标要具体，不能使用“提升文章转发率”“增强用户粘性”等模糊的语句，要通过具体数字将目标呈现出来，如本月新媒体运营目标为日均新增激活用户从6000名增至10000名、注册转化率增至38%等。如果要以提升品牌曝光度为目标，就要设定具体的百度指数；如果要以增强用户粘性为目标，就要设定具体产品活跃度。例如：某新媒体运营者要围绕图书馆服务号制定推广目标，就要清楚具体的注册用户数量（包括日新增注册用户和总注册用户）、活跃用户数量和日活跃率（日活跃率=日活动用户/总用户）。在设定运营目标时，也需要制定与运营推广相关的全面预算，即围绕着与运营推广活动相关的各个方面来制定预算。另外，预算方案还要具有可控性强、可行性强的特点，让方案的执行效果更明显。

2. 精准粉丝引流

（1）种子用户期

假设种子用户期设定的运营目标是在一个月内搜集 1000 名种子粉丝，并做好种子粉丝的管理与控制。

- 种子用户：有着较强的互动能力，有较广的社交圈，能将运营活动通过自己的社交圈进行转发、宣传，并能在自己的朋友圈帮公众号进行推广，经常提一些有用的意见与建议。
- 推广方法：建立邀请机制，邀请朋友、同事、合作伙伴等加入，先行体验；导入供应商，邀请供应商加入体验。
- 活动邀请：策划一些互动小游戏，将服务体验调查问卷与游戏结合在一起，用户注册、推送就能领取优惠券；对粉丝质量进行综合评价，完成 1 个月积累 1000 名种子粉丝的目标，活动就结束。

- 微信群管理：可以结合种子用户类型来进行微信群的建立和设定，尽量使每个微信群加满粉丝，并对粉丝反馈的意见进行整理。

（2）初始用户期

在初始用户期，设定种子粉丝数量，如 3 个月内拥有 50000 名种子粉丝。在初始推广期，运营人员要多尝试，找到一个得心应手、推广效果最好的渠道，推动粉丝数量日渐增长，最终完成推广目标。拥有一个合适的推广渠道，意味着新媒体每天都能获得一定量的粉丝。粉丝数量虽不会迅猛增长，却会保持稳定增长。初始用户期的引流技巧，如图 3-3 所示。

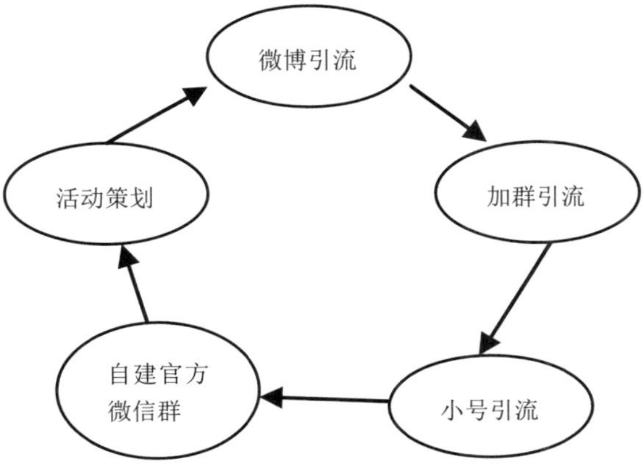

图 3-3　初始用户期的引流技巧

① 微博引流

选取恰当的推广区域，一般来说，在运营的前期，与运营相关的推广活动往往会选择在当地进行。因此，在前期推广阶段，新媒体运营人员要做好本地热门微博的搜集工作，通过官方微博的推广与这些微博互动，达成合作，进而产生引流效果。相对于微信来说，在进行推广的过程中，微博对应的辐射面是比较广的，运用微博推广往往难以达到推广效果。不过，如果微博本身已有很多粉丝，此时利用微博引流的效果就会很好了。

② 加群引流

每个新媒体运营账号都加 300～500 个本地微信群，平时不要直接在群内发广告，而是要经常与群成员互动，与群成员建立良好的关系，获得群成员的信任。需要发广告的时候要在群内发红包；需要推送一些活动信息时，要一边群发信息一边发红包。这个环节有三大技巧。

- 获取群技巧。身边的朋友、同事、合作伙伴一般都有很多微信群，可以通过他们加入更多微信群。
- 换群。与本地运营者进行微信群的分享，比如相互之间可以换群。
- 重点关注活跃度高的群。不同的微信群对应的活跃度是不一样的，此时可以重点关注那些活跃度较高的微信群，比如采用置顶的方式，并积极在群内与成员互动等。对于那些质量较好的微信群，运营人员可考虑与其开展商务合作。

③ 小号引流

运营人员要想用小号引流，首先要注册几个小号，如注册 10 个小号，每个小号可加 5000 名粉丝，10 个小号就能加 50000 名粉丝。每个小号平均每天加 50 名粉丝，规定 3 个月完成引流任务。养号技巧：为小号增添标签，如可以提供什么方案、解决什么问题等。小号每添加一名粉丝，运营者就要做一次自我介绍，不要让粉丝产生“这是一个专门发广告的小号”的想法。

运营者要经常在朋友圈分享自己的生活趣事，在必要的时候可以发布一些新媒体的广告活动，但每周要按时在朋友圈与粉丝互动、交流。运营者要经常与那些具有较强传播能力的粉丝私聊、互动，并与其建立良好的关系。从加入的微信群中添加粉丝，在添加粉丝之前要先在群内围绕某个主题与群成员互动，尤其是那些活跃度较高的群，以提高“加粉”成功的概率。

④ 自建官方微信群

微信对个人用户建群的数量并没有限制，但运营者在进行微信群的管理时，要对不同的微信群设定相应的标签，如产品群、活动群、种子群等。在建立官方微信群时，首先，运营者还需要提前制定微信群的管理制度；其次，微信群要配置官方客服，以群主题为核心定期开展互动，帮助群成员解决问题；最后，运营人员要与一些意见领袖建立合作关系，共同致力于微信群的发展，在必要的时候，运营者要给意见领袖一些奖励，以对其进行激励。

⑤ 活动策划

每周要开展一次活动，以增强用户的记忆，让传播、分享效果达到最佳。具体来看，新媒体运营可开展的活动有以下几种：

微信小号添加粉丝，建立微信群，派发微信红包；

关注微信号、扫一扫领取礼品，通过微信预订可享受折扣；

微信答题赢大奖：运营人员发布一些与新媒体有关的问题，让用户到新媒体运营网站上寻找答案，以加深用户对新媒体的印象以及对品牌的认知度；

转发赢大奖：运营人员可在微博、微信等平台开展“转发赢大奖”活动，用户转发内容就能领取一份奖品或抽奖一次。为了更好地监控活动开展效果，运营人员可通过微博、微信公众号、社区等渠道发布活动信息。

3. 品牌传播推广

（1）品牌推广期

假设品牌推广期的运营目标是 3 个月积累 10 万名种子粉丝。可以采用以下方法：

延续初始用户期的推广方法，让粉丝数量保持稳定增长；携带新媒体二维码参加行业性会议展览，制定系统的微信营销方案，在展会上与客户、合作伙伴交流，邀请他们添加微信号；加入行业联盟，分享数据与服务，做好账号的推广工作，提升账号的知名度。

（2）活动运营负责人

之所以单独讲解活动运营负责人，是因为从立项开始活动运营负责人就应该开始预热，之后新媒体推广的每个阶段都需要活动运营负责人参与。活动运营负责人要熟悉每个阶段的运营方向，在不同的运营阶段向市场、用户抛出不同的话题，引发受众的兴趣，吸引受众关注，形成行业热议话题。活动运营负责人可采取的策略，如图 3-4 所示。

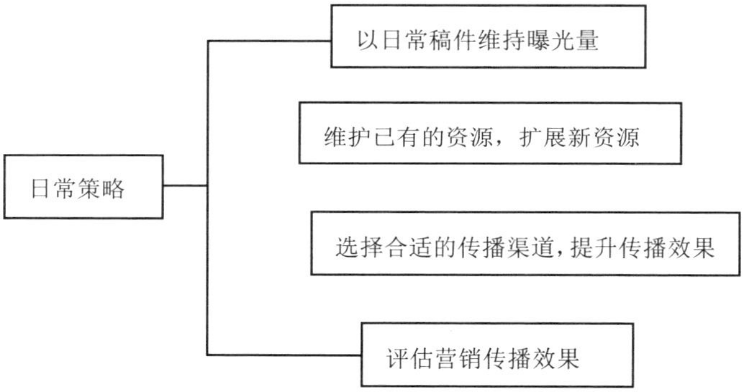

图 3-4　活动运营负责人可采取的日常策略

以日常稿件维持曝光量。活动运营负责人每个月都要制作一张传播规划表，以图书馆的服务或者活动为依据决定要抛出的话题以及要传出的声音。持续的内容输出和恰到好处的表达能稳定地提升图书馆的曝光度与行业关注度。

维护已有的资源，扩展新资源。活动运营负责人要对拥有的资源进行规划使用，根据所处的发展阶段及新媒体运营进度确定支持图书馆发声所需的资源与途径。为了做好这一点，活动运营负责人不仅要维护好已有的资源，还要不断拓展新媒体资源，为后续事件输出提供有效的渠道支撑。

渠道决定传播效果。不同的传播内容与传播方式会呈现不同的传播效果，因此，为了提升传播效果，活动运营负责人必须选择合适的传播渠道。例如：采访图书馆专家要使用行业及中央的纸质媒体，以便在大范围内产生带动传播效果；服务政策发布要选择中央及地方新媒体，以便在最短时间内吸引社会公众关注；事件话题性新闻要选择大型门户类网站，以便达到快速传播、吸引人们广泛关注的目的。在自媒体领域，各个自媒体的实力差别很大，因此运营人员最好选择那些中立、有实力的自媒体发声。

效果评价。活动运营人员要从各个角度来对营销传播的效果进行评价，比如建立包括点击量、阅读量、点赞量、覆盖率在内的指标体系。根据评估结果，运营人员能更好地改进营销方案，获得更好的营销推广效果。作为内外连接的枢纽，活动运营负责人要隐藏在用户中，通过深度沟通将品牌个性凸显出来。

4. 文案策划

包装一篇优秀的软文能增添活动的吸引力，让社会公众在潜移默化中对活动产生兴趣，提升公众对图书馆品牌的认知层次，从而使图书馆对公众有着更强的吸引力。

（1）软文策划包装。明确品牌优势及服务特点，对图书馆品牌文案进行有效策划，借用户心理特点打破其心理防线。通过软广告将品牌传播给用户，再利用品牌及服务自身的优势让用户认可品牌、满意服务。

（2）布局技巧。图书馆软文更新首先要对图书馆品牌进行策划，使用统一的文字品牌形象，通过一系列策划对品牌进行包装，面向目标用户群进行精准投放，使品牌的曝光度大幅提升。另外，图书馆软文更新还要与标题的核心定位相结合，有效引导潜在用户群，使品牌影响力显著增强。

（3）品牌策划。在策划品牌软文之前，策划人员必须对图书馆特点及优势进行充分了解，将其传播给媒体及社会公众，以吸引社会公众的注意力，从而提升图书馆的知名度。软文策划必须将图书馆的核心特点、品牌优势凸显出来，让社会公众在图书馆各项服务过程中获得满足感、愉悦感，从而实现口碑营销，扩大品牌的传播范围，提升品牌的曝光度。

（4）新媒体运营销售策划。创造用户喜爱的内容，并保证内容符合用户的需求，从而让用户持续关注图书馆，增强对图书馆的信任。在新媒体运营的过程中，用户是非常关键的，需要在运营时以用户为中心，在分析用户需求的基础上来进行内容的创作以及选择恰当的活动，从而能够更好地吸引和刺激用户，以实现运营的目的。

5. 组建推广团队

构建运营团队、招聘运营人才可采取以下方法：从目标反推、对关键任务进行拆解、明确所需人才类型、刻画岗位职业画像、以阶段目标为依据对人才进入时间进行推演。例如：某微信公众号制定了一个 6 个月积累 5 万名粉丝的目标，为了达到这个目标需要完成活动策划、渠道推广等任务。图书馆对这些任务进行细分就可明确所需人才类型，确定人才的到位时间。事实上，很多图书馆人事部门的工作人员无法对各部门具体的工作任务进行深入了解，在招聘的过程中无法游刃有余地应对应聘者提出的各种问题，招聘的人才也不能满足各部门的需求。为了解决这个问题，新媒体部门主管要经常与人事部门沟通，让人事招聘工作人员了解部门需要的人才类型。为了做好新媒体推广工作，图书馆要成立新媒体推广小组，小组成员包括新媒体推广负责人、文案策划、新媒体运营专员、渠道专员、媒介专员，如图 3-5 所示。

在新媒体运营时，图书馆可以结合设定的目标来进行岗位、人员等方面的配置，比如初期项目可根据“1+1+2+1+1”的原则设置岗位员工。

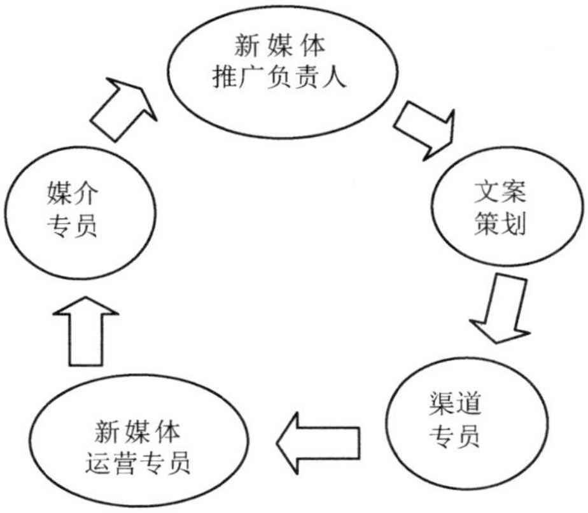

图 3-5 新媒体推广小组成员

（1）新媒体推广负责人

在初始用户期引入新媒体推广负责人。初期项目设置 1 名推广负责人即可。

① 岗位职责

新媒体推广负责人要负责微信、微博的日常运营工作；以事先确定的内容方向为依据持续发布优质的内容；扩大粉丝的数量，通过话题的设定来提升粉丝的互动参与度，并对粉丝行为进行分析；以微信用户信息反馈以及需求为基础进行深度分析，以时下热门话题为导向吸引用户积极互动；以运营需求为依据对各类线上、线下活动进行组织与策划，提升曝光率，增加粉丝数量，增强用户粘性；对推广效果进行监控，对相关数据进行分析以评估推广效果，从而改进推广方案。

② 任职要求

首先，要对互联网有浓厚的兴趣，且使用频率非常高，能够独立地制订新媒体推广计划，能将计划不折不扣地落实下去。其次，要熟悉微博、微信、贴吧等新媒体，有微博、微信运营经验。再次，有一定的判断力，能对热点事件进行深度剖析，会借势营销，有自嘲精神。最后，经常出入各大论坛，要有永不言弃的精神。

（2）文案策划

在初始用户期引入文案策划。初期的文案策划只需 1 名即可。

① 岗位职责

文案策划要明确项目目标，在短时间内了解客户需求，加强与相关部门的合作，为文案撰写提供优质的案头支持；负责撰写新媒体的宣传推广文案及宣传资料文案；负责撰写创意内容，为新媒体的线上运营活动、线上公关等活动撰写文案；汇总文案撰写经验，为其他项目提供有益借鉴。

② 任职要求

由于文案策划主要负责与文案相关的工作，因此相应的从业者要有出色的文字能力，有创新精神，充满创意与想象力，对时事热点的敏感度较高，有与文案策划相关的经验以及成功的案例。

（3）新媒体运营专员

在初始用户期引入新媒体运营专员。初期项目设置 2 名运营专员即可。

① 岗位职责

新媒体运营专员要负责做好微信公众号的日常运营工作；编写、发布公众号内容，管理粉丝，与粉丝互动；搜集粉丝意见与建议；对用户的浏览习惯、情感体验进行深入挖掘与分析，紧抓新闻热点，做好专题策划与活动策划，跟踪各策划案的落实效果；对目标客户群进行精准定位，提升产品的知名度。

② 任职要求

运营专员对微信推广有着深入的了解，有从事相关工作的经验；在文案、学习等方面有着较强的能力；有较强的创新能力；热爱新媒体营销工作；对网络媒体传播有一定的了解，能够驾驭社会化媒体，了解、熟悉微媒体；思维活跃，有一定的市场企划能力及较强的执行力。

（4）渠道专员

在品牌推广期引入渠道专员。初期项目设置 1 名渠道专员即可。

① 岗位职责

渠道专员要协同其他部门完成渠道策略及拓展目标计划的制订；以图书馆的业务发展需求为依据，做好合作资源的寻找与挖掘工作；充分利用微信公众号，拓宽其商务合作的范围，提升合作的水平，选择多样化的推广渠道和方式；搜集、整理并推广相关的数据，在分析的基础上来优化推广策略，获取更多的粉丝数量。

② 任职要求

渠道专员要有敏锐的市场能力和谈判能力，能结合营销的需要进行市场的拓展，拥有较强的渠道管理能力；善于与人沟通、交流，拥有较强的组织协调能力；能熟练使用办公软件及互联网；曾从事 App 渠道或服务号推广工作并积累了一定的经验；曾从事商业合作与渠道拓展工作，拥有相关经验。

（5）媒介专员

媒介专员是指通过寻找、优化利用媒体资源，并与相关媒体建立良好合作关系以及指导投放的专业人员。

① 岗位职责

媒介专员需要选择能满足实际需要、可投放的媒体资源；建立并管理线上推广渠道；对各种市场资源进行整合，制订合作计划，与相关人员开展深度合作；做好相关项目的危机公关、媒体资源公关等工作。

② 任职要求

媒介专员要有广告媒体方面的工作经验，有较强的沟通能力及商业谈判能力，擅长维护与合作伙伴的关系，文字表达能力较强，有互联网的从业经验和互联网、市场营销领域的学习经历。

6. 运营绩效考核

在新媒体建立初期，各部门的关键绩效指标考核要尽量简单、实在、多鼓励。如新媒体运营的关键绩效指标可以设定为月关注粉丝 1 万人；微博关键绩效考核指标有微博信息数、关注数、粉丝数、转发数、评论数、平均转发数、平均评论数。其中微博信息数指的是每天发布的微博条数，单位是条/天；平均转发数指的是单条微博信息的总转发数与微博总信息数之比，一般以日或月为周期计算平均转发数，单位是次/条，平均评论数的计算与之相同。对微博转发、评论等有着较大影响的因素是粉丝量、发布的内容质量等，微博发布的内容质量越好，越能满足粉丝用户的需求，那么微博转发数量、评论数量就会越多。因此，通过这两个数据，人们能了解这个微博的粉丝数量、粉丝质量及内容质量。从理论上来讲，粉丝基数越大，内容与用户需求就越契合，这两个数据就越高。例如：某品牌微博 4 月 1 日的粉丝量是 1.4 万人，5 月底粉丝数量达到了 2.6 万人，如表 3-4 所示。

表 3-4　某微博 2019 年 4 月、5 月运营情况

时间	粉丝增长		微博数量（条）	转发		评论		搜索结果数	
	数量	增长率		转发总数（条）	平均转发	评论总数（条）	平均评论数（条）	增长（条）	增长率（%）
4 月	6056	30%	302	2469	10.3	965	4.6	5036	16
5 月	5820	25%	398	4896	14.6	1536	6	4769	13

由表 3-4 可以看出，该微博 2019 年 4 月、5 月的粉丝增量相差无几。但在 5 月份，微博发布内容的数量增加了 32%，转发数量差不多是 4 月的 2 倍，评论数

为 4 月的 1.6 倍。也就是说，该公司在分析 4 月的微博运营情况之后，对 5 月的运营策略进行了调整，将重心转移到了用户需求方面，使平均转发数与评论数随粉丝总量的增长而增长，再加上增长的搜索结果数，使 5 月微博营销效果得到了充分证明。

（1）做好时间安排

新媒体运营管理要做好时间安排，周一早上开会，讨论并总结上周运营推广过程中出现的问题，发布本周的工作任务；周三对新媒体运营团队进行两个小时的培训；周五各部门要反馈本周工作中出现的问题，对这些问题进行汇总，并制成表格。

（2）量化目标

在明确项目之后，就需要结合项目来进行各种目标的制定，这包括日、月、季、年等目标，同时，还需要结合目标细化到部门、岗位、工作之中。

（3）准备三张表

管理人员要准备三张表。一是财务预算表，其内容包含市场推广费用等各种运营开支；二是绩效考核表，通过选择恰当的绩效考核指标，利用薪酬激励的方式使团队实现目标；三是岗位描述表，其内容是对岗位职责、人员能力的要求等方面的描述。描述要真实、具体，切忌“假大空”。

第二节　新媒体内容策划

一、做好内容规划，搭建运营体系

内容运营已成为互联网新媒体环境中营销的主流路径，然而经过近两年的蓬勃发展，内容运营陷入日益严峻的同质化困境，内容玩法千篇一律。因此，除了从时间、季节、节假日、突发事件等角度切入制造内容话题或活动，以及通过各种奖励方式吸引用户参与互动以外，探索新的内容玩法、实现内容运营创新，已成为当前内容运营的重要议题。

这里的内容运营主要指具有无边界特质的新媒体平台中的内容运营，即平台内容的专业和领域不受限制。投放到新媒体平台上的内容，需要同时满足专业、趣味两个层面的要求。一方面，图书馆垂直目标受众群体细分平台的内容选择应以专业性为基本原则，以趣味性为传播切入点，以便有效吸引目标用户，并为用户提供独特价值；另一方面，目标受众群体并非垂直细分领域的开放性平台，应选择“有趣”“有料”的内容作为运营传播的主要方向。在新媒体环境中，一方面是人群不断垂直细分；另一方面是碎片化的个体不断被各类新媒体平台组织聚合起来，形成具有某种同质性（共同的兴趣、价值观或需求等）的精准人群，即社区。

在“内容为王”时代，新媒体运营首先应该对内容体系进行全面规划，从内容传播的两个基本点——获取用户和进行品牌或服务传播出发，明确平台要输出何种内容，并对这些内容产生的效果进行合理预估。新媒体运营不是单纯的内容创作与输出，更重要的是在内容传播过程中让受众了解并认同产品或服务信息，塑造品牌形象。

很多刚进入新媒体运营领域的成员，或者是没有意识到内容体系的重要性，或者是还没有能力建立自己的内容体系，这时可以将精力放在优质内容的挖掘、深耕方面，努力增强内容构思原创能力或整合原创能力，以此推动自身不断深入思考平台需要输出何种类型的内容。

内容运营人员必须高度重视内容质量，不能只做简单的“搬运工”，应不断提升内容原创能力并形成自己独特的内容风格，培育、积累粉丝受众。特别是在信息高度过剩的新媒体时代，只有内容质量过硬，能为用户创造某种独特价值，才可能吸引用户的目光，激发他们的认同与共鸣，甚至主动参与内容的传播扩散过程，实现更加高效、高质的口碑传播。

二、做好内容生产，打造优质原创内容

内容生产策略包括写作原创、做话题和建社群。

1. 写作原创

图书馆自身的特点，决定了图书馆新媒体运营的内容大部分为原创文章。写作原创内容是新媒体运营较好的内容输出方式，因为在写作过程中可植入图书馆品牌，而且在写作的过程中，内容由自己全权掌控，通过反复的内容输出，运营者可掌握用户的喜好，针对用户的喜好创作积极的、正能量的内容。也就是说，原创是增进运营者与粉丝关系的最佳方式。当然，新媒体运营者写原创内容，就必须有高超的写作能力，如事物洞察力、行业了解力、优秀的文笔等。学习写作原创内容是一个漫长的过程，期间会遇到各种难题，运营者不要逃避，因为只有克服这些难题才能迈向一个新的阶段。

2. 做话题

在实际中可供选择的新媒体运营方式较多，这其中话题运营方式运用更多，其效果也更好。一方面，有效的话题运营能增强粉丝的认同感；另一方面，话题运营能降低运营成本，只要给用户提供一个他们感兴趣的话题，他们就能自动生

产内容。无论运营的微信公众号属于哪个行业、哪种类型，总有一些备受大众关注的话题，如“你最喜欢的一本书”“世界上最好的语言是什么”“你最喜欢的一个展览”等。话题运营要注意的问题，就是话题要尽量轻松，互动内容要尽量丰富，以调动用户参与的积极性，生成更多的内容，从而达到话题运营的目的。

3. 建社群

现阶段，社群的类型主要有两种，一种是金字塔型社群，另一种是群星型社群。

（1）金字塔型社群。金字塔型社群成员水平不一、能力有别。金字塔型社群中有大咖，也有普通成员，还有维持社群秩序的管理员，也有专门组织讨论的话题发起者。大咖是整个社群的核心，通过输出内容吸引普通成员，普通成员通过对外扩散增强大咖的影响力，进而鼓励他们持续输出内容。

（2）群星型社群。群星型社群没有组织，虽有大咖，但大咖的活跃度很低，只是偶尔发表一些内容。在这种社群中，话题抛出者是那些活跃度较高的成员，大咖的作用是吸引并留住普通成员，约束他们遵守社群秩序，不要随意发广告。这种社群的运营成本比较低，因此其数量比较多，但因为社群结构不稳定，无法做到持续地生产内容。一旦内容更新不及时，就会逐渐被人们遗忘。无论是哪种社群，共同的话题都是让各类成员聚集在一起的主要因素。因为有共同的话题，所以可以沟通、交流，可以持续地输出内容。运营者可以自己构建社群，引导社群成员生产内容，将其中有价值的内容汇总在一起对外输出。

三、多元化的运营策略

内容运营策略有 5 种，如图 3-6 所示。

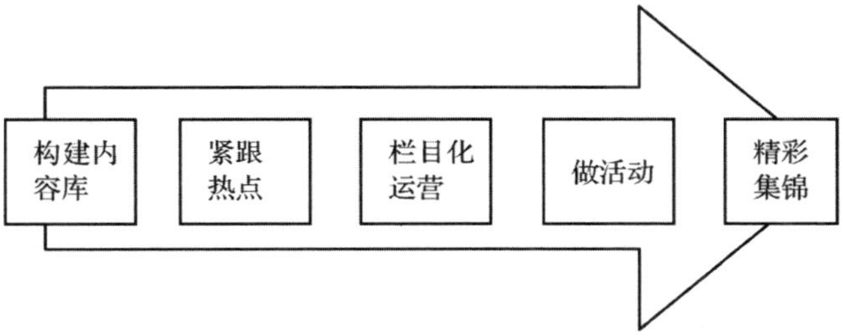

图 3-6　内容运营策略

1. 构建内容库

在互联网时代，只要涉及的行业不太冷门，运营者就能通过互联网找到大量与行业有关的文章。所以，运营者要对内容渠道进行梳理，构建一个内容库，为自己提供足够的写作素材。例如，在写作原创内容时，运营者可以先浏览一些知名的互联网资讯网站或运营者社区，关注一些备受用户关注的话题或文章。

2. 紧跟热点

热点可以分成可预测与突发两种类型。

（1）可预测的热点。可预测的热点有很多，如国庆节、七夕节、圣诞节等节假日；欧洲杯决赛、奥运会、冬奥会、亚运会等大型体育赛事；热门电影上映；某知名网红或明星的直播活动等。新媒体运营者要将这些可预测的活动用一张热点日历罗列出来，并提前将活动素材准备好。这个日历表应包括各种节假日、大型体育赛事、科技产品发布会、电影排期、娱乐新闻等内容，但不限于这些内容。

（2）突发热点。有些突发热点是不可预测的，如“最美的哥火场救人”“江苏盐城渔船相撞”“吐槽医院食堂被拘”等，这些事件不可预测，一旦发生会立即成为焦点。对这类热点，新媒体运营者必须做到及时发现、立即响应。那么，新媒体运营者如何能及时发现这些热点呢？微博、搜狗、百度等网站可以实时查询关键词，运营者早、中、晚各看一次基本不会遗漏热点。为了及时响应这些热点，运营者要制订热点推送计划。如果运营者暂时没有热点可推送，就要前往各大网站搜索一些热点。紧跟热点要特别注意：对那些具有争议性、政治性、与自己无关的热点不要追。

3. 栏目化运营

栏目化运营也是比较好的内容运营策略之一，因为它可以为内容生产提供有效的指导，甚至做到标准化生产，使运营成本大幅下降。在规划栏目时，运营者要注意以下几点：

第一，栏目规划应以用户喜好为第一标准，不要推送用户不感兴趣的一些内容；

第二，栏目要具有持续性，能够做到持续推送内容；

第三，栏目要有清晰的标识、固定的标题格式，如《文津读书沙龙第八期|国语运动与现代中国》等。

4. 做活动

如果运营者有较强的策划能力，可以通过做活动与粉丝互动，减轻持续推送内容的压力。但运营者不能将减轻推送内容的压力视为做活动的目的，因为参与活动的用户基本上是忠诚度很高的用户，如果活动的效果不好，影响用户体验，就很有可能失去这部分用户，产生极为恶劣的后果。

5. 精彩集锦

在确实没有内容可推的情况下，运营者可以将一两年前的精彩文章做成集锦推送给用户，让用户能够系统地阅读。如今，有些公众号支持模板消息，为文章的收录提供了极大的方便。当然，在取得其他公众号同意的情况下，运营者也可以收录其他公众号的文章。除内容之外，公众号本身也可以做成集锦。另外，公众号还可以与同行业的其他公众号合作互推，共同扩大粉丝规模。如果公众号有忠实的粉丝，且必须每天更新内容，在无内容可更新时，运营者可以尝试推送一段文字或一张图片、一段语音。虽然这种方式能在某种程度上减轻运营者推送内容的压力，强化人格化运营，让运营者的形象更鲜活、灵动，但这种方式只能偶尔一用，不能滥用，以免引起用户反感。

四、做好内容传播，实现品牌效应

1. 内容传播越久，其产生的效益越大

内容传播的时间越长、范围越广，其产生的效益就越大。通常而言，能产生持续效益的内容大致可分为知识体系型、专家科普型、活动持续型、答疑解惑型、品牌传播型 5 种。对这类内容进行运营，特别是图书馆服务类的新媒体平台，最好设置一个与用户实时交互沟通的“客服”角色，以培育、沉淀平台的粉丝用户。很多新媒体运营成员在输出内容的过程中，都扮演着与用户在线互动交流的“客服”角色。这既有利于及时、准确地获取用户的内容需求和痛点，又可以有针对性地进行内容创作和传播；还可以通过与用户的实时深度沟通，与他们建立强连接信任关系，不断沉淀优质用户。不过，很多新媒体运营人员经常犯的错误是将用户沉淀到微信平台就结束了，没能进行后续的深度运营，例如没有将用户进一步转化为平台或 App 的用户，或者没有通过有效方式吸引群里的用户参与内容价值链，以形成口碑传播，获得更大的内容传播效益。这种与目标用户持续沟通交互的行为，其实就是品牌运营中所说的“用户反馈机制”，通常由专门的客

服人员负责。

2. 素材来自用户，建立品牌的口碑传播效应

做内容的目的是希望通过内容吸引用户，为后续的各种商业化动作提供坚实的用户基础。然而，一个常见的现象是很多平台输出的内容并不差，但无法有效吸引和粘住用户，内容的点击率和关注度很低。究其原因，在内容严重过剩、注意力日益成为稀缺资源的新媒体环境下，并不是有了优质内容就一定能够吸引用户，更关键的是这些内容是否是用户需要的、能否引起他们的心理认同与情感共鸣。因此，新媒体平台在进行内容创作时，最佳的路径是从目标用户那里获取素材，将用户的“故事”写入内容，使用户在阅读内容时更容易产生共鸣，愿意主动分享、传播平台内容，从而既增强了用户对平台的认同与信任，沉淀了优质用户，又获得了口碑传播效益。

3. 知识体系的构造源于对内容运营的了解

内容运营虽然是运营系统中较为基础性的工作，但对内容创作、文案创意、文字编排等诸多方面有着较高要求。很多新媒体运营人员是从内容运营起步的，在内容运营过程中不断培育、提升自己在活动策划、用户获取、品牌传播策划、大数据分析等方面的能力，逐步构建自身的知识体系，最终成长为一名优秀的新媒体运营人员。因此，对新媒体运营人员特别是新晋运营成员来说，首先要培养对内容运营的热爱，愿意投入最大的精力做好这份工作；同时在选择平台内容时，要坚持原创和优质的原则，深耕内容质量，形成自己独特的内容风格和语言风格，以培育、沉淀优质用户为基础，成长为一个具有鲜明的个性化标签和众多拥趸的新媒体运营人。

第三节　新媒体品牌营销与运营策略

一、新媒体在品牌营销中的应用

1. 新媒体环境中的品牌传播变革

新媒体的产生和发展，为人们在信息获取、传播等方面带来了较大的变革。无论是信息获取方式还是信息传播渠道都越来越多。在这种情况下，品牌传播理念与传播内涵也发生了一定的变化。

对于图书馆来说，要想更好地利用新媒体来进行品牌传播，首先就需要结合新媒体环境分析在新的环境下品牌传播的特点，并以此来进行传播策略的制定，以达到预定的传播效果。在微博、微信、SNS 社区等新媒体的影响下，我国的媒体环境发生了很大的变化，品牌传播手段的创新要面对更多新的挑战。在全球一体化日趋加快的当下，图书馆面临的竞争压力不断增大，也需要结合自身与市场竞争的现状来选择相应的品牌战略。

要想制定合适的品牌战略，就必须对新媒体环境中的品牌传播特征进行有效分析，将其与品牌的实际情况相结合，精心策划品牌传播手段，将品牌信息迅速、精准地传播给目标受众。传统媒体在交流、沟通、参与方面存在很多不足，新媒体的出现有效地弥补了这些不足。另外，新媒体凭借可预见的影响力为图书馆的品牌传播增添了新标志，为其赋予了新特征。新媒体环境中的品牌传播变化，如图 3-7 所示。

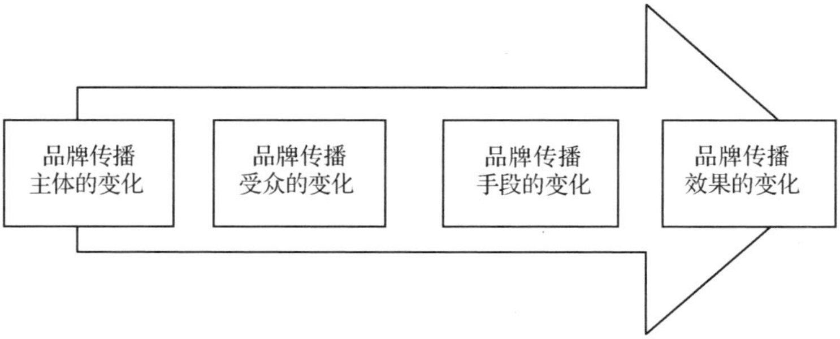

图 3-7　新媒体环境中的品牌传播变化

（1）品牌传播主体的变化

在新媒体环境中，借助微博、贴吧、社区等平台，人人都能发表自己对某个品牌、某个事件的观点与看法。此时个人不再是传统的信息接收者，同时也是信息的制造者和传播者。这就意味着品牌传播主体也发生了变化。

大量的传播主体可以被图书馆所用，让图书馆品牌实现更好的传播。同时，通过这些平台或其他互联网渠道，图书馆可以与读者直接沟通。但是，在传播主体增加的同时，品牌与传播主体的关系也变得越来越复杂。信息量急剧增长，用户的注意力越来越分散，对品牌信息快速、精准的传播形成了一定的制约。

在新媒体环境中，品牌的任何问题都有可能通过平台曝光，对图书馆的形象和发展造成不良的影响。这也说明了在品牌传播的过程中，新媒体存在着两面性，既是机遇，也存在着风险。为了抵御这种风险，图书馆必须不断提升自己的管理能力，对品牌传播进行有效的管理。

（2）品牌传播受众的变化

在传统媒体环境下，受众只能选择接收信息，但在新媒体环境下，受众可以自主搜索和有选择性地接收信息。也就是说，新媒体的受众有极强的主动性。随着新媒体的出现，反馈渠道逐渐增多，用户的表达空间越来越广。在新媒体环境中，读者获取信息的方式从被动接收变成了主动搜索，服务购买也从熟人介绍转变为陌生人推介。由于读者的决策心理发生了一定的变化，因此要重新理解互动营销。在这种情况下，图书馆要充分利用新媒体进行传播，传播内容主要包括品牌信息与读者体验，让读者在服务的过程中能以这些信息为依据作出购买决策。同时，图书馆在借助新媒体传播信息的过程中必须做好消极信息的管理工作。品牌利益相关者要围绕着品牌传统的需要，通过相互协作的方式来强化信息管理的水平，以积极的信息引导，使读者完成从信息接收者到品牌传播者的转变。

（3）品牌传播手段的变化

增强传播手段的融合性可推动图书馆进行传播整合。现阶段，很多新媒体平台上的媒体属于复合型媒体，在新传播平台上的形态与传统媒体有很大的不同。新媒体有很多种表现形式，如杂志、报纸等传统媒体加入视听元素后，与过去相比，其传播效果要好很多。不同的媒介加快了相互之间的融合速度，这其中既存在着新媒体与旧媒体的融合，同时不同类型的新媒体之间也在不断地融合。这不仅能够更好地突出各种媒体自身的优势，而且还大幅提升了资源共享的水平。例如：电视媒体的内容质量较好，网络媒体就可以学习电视媒体的这个优点，拓展、完善自己的内容；而网络媒体的开放性和动态性较好，电视媒体就可以学习网络媒体的这个优点，进行优化、调整。另外，在新媒体环境中，图书馆可以通过整合多种传播手段进行品牌传播，取得综合效应，以提升品牌传播的效果。

（4）品牌传播效果的变化

运用新媒体，能够更好地提升品牌传播的效果。新媒体本身就有着较强的可控性，图书馆必须实时控制品牌的展示内容，并借助动态 Web 中的内容管理系统，对品牌的展示页面进行实时更新，让品牌的定位更加及时、精准。

2. 新媒体在品牌营销上的主要优势

与传统媒体营销有着较大的不同，新媒体营销能更好地利用互联网的特点，并且，新媒体在营销上的优势要远超传统媒体。各级图书馆可借助新媒体营销进行有效的信息推广，通过发挥优势资源的力量推动自身的发展。新媒体在品牌营销上的主要优势，如图 3-8 所示。

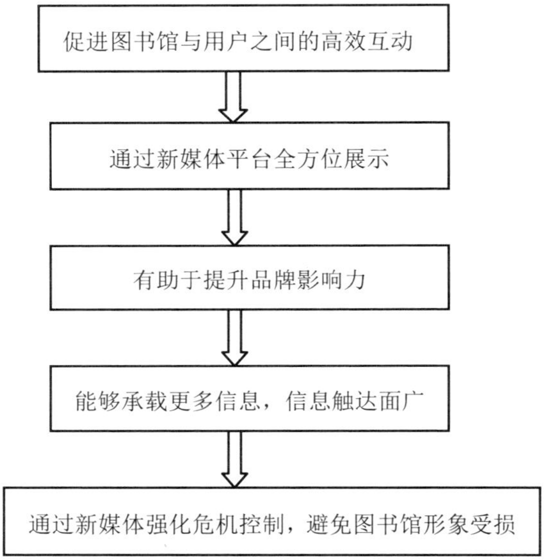

图 3-8　新媒体在品牌营销上的主要优势

（1）促进图书馆与用户之间的高效互动

在互动性方面，新媒体比传统媒体更有优势。图书馆在推广期间可利用网络平台与用户展开互动，根据用户的反馈内容与其展开双向交流，帮助用户解决问题，并同时服务多个用户；当用户对服务提出质疑时，图书馆能够快速作出反应，纠正自身存在的问题，使用户认可自己的服务。为了方便营销，图书馆也可以打造独立的官方平台，在平台上定期发布服务及品牌的相关信息，从而与读者深度沟通，进一步增进图书馆与用户的关系，增强用户的粘性。

（2）通过新媒体平台全方位展示

利用网络媒体进行宣传策划时，图书馆能够以多种方式（如文字、图片、视频、音频等）全面展示服务及品牌信息。当用户看到自己想要的服务时，可以点击平台中的链接，浏览服务的相关信息，用户即使不到馆，也能对服务的信息进行全方位的了解。另外，新媒体营销能够给图书馆带来更多的信息推广的渠道及方式，能够打破传统营销模式的思维局限性。利用新媒体平台，图书馆能够发挥并实践更多创意思维，通过增强营销活动的趣味性吸引用户的关注，并通过改变传统思维模式推动自身的战略转型与升级。营销人员需要明白，在同质化竞争愈演愈烈的今天，只有发挥创意思维，突出自身服务及品牌的特色，才能从众多竞争者中脱颖而出。

（3）有助于提升品牌影响力

通过传统媒体平台进行传播，运营方需要在内容输出之前经历排版、印刷等许多中间环节，但通过新媒体平台进行传播，运营方能及时发布信息，内容上传之后就能触达用户。利用网络来进行信息的传播，不仅时效性更强、传播的速度更快，而且对应的成本更低。图书馆要想获得长远发展，就要注重自身形象的建立，而借助网络媒体不仅能在更短的时间内给用户留下良好的印象，还能减少资源浪费。所以，相较于传统媒体，新媒体营销已经成为图书馆打造自身品牌的重要战略方式。在新媒体占据主导地位的今天，图书馆要想推广宣传、建立良好的形象、打造自身品牌、扩大品牌的辐射范围，就应该跟随时代发展的脚步，利用开放的互联网平台开展营销。

（4）能够承载更多信息，信息触达面更广

从信息承载数量及传播范围来看，传统媒体的局限性非常大。例如，电视媒体承载的信息量在很大程度上取决于其播出时长，而且其信息内容仅能触达当时坐在电视机前的观众。不同于传统媒体，网络平台的信息推广在这方面的局限性很小，只要网络保持畅通，其信息内容就能够扩散到全球的各个角落。用户在能够连通网络的前提下，随时可以通过网络平台了解相关信息。不仅如此，触达面广也是新媒体的独特优势。以博客为例，图书馆的信息上传到博客后就能被网络用户看到，就某些方面的内容提出问题等；图书馆则可及时获取大众的反映，对用户的评价进行搜集与分析。新媒体不仅能够实现大范围的信息覆盖，还能在第一时间传播；用户则可以便捷地接收信息，且无需支付任何费用，以此形成双方之间的有效互动。同时，在新媒体环境下，用户通过转发、共享等方式使信息传播的范围更广。

（5）通过新媒体强化危机控制，避免图书馆形象受损

进入互联网时代以来，消费者越来越看重个性化，但不同消费者在个性化上的需求又存在差异，因此，图书馆无法做到令所有的人都满意，其服务可能在某方面没有达到部分读者的期望值，他们的负面评价就会经过新媒体平台的迅速传播可能对其他受众的认识产生影响。在这种情况下，图书馆形象可能就会受损。为了避免发生这种情况，图书馆不仅要通过传统媒体作出正式的解释，还应在网络平台上给广大读者一个交代。若问题确实存在，则应承认错误。让读者了解客观事实，并看到图书馆的诚意，图书馆也能通过这种方式重新塑造良好的形象，强化危机控制，避免情况继续恶化。

3. 如何利用新媒体实现品牌营销

随着新媒体的出现，图书馆品牌传播迎来了一个全新的环境。在这个新媒体环境中，图书馆要想做好品牌传播，必须对品牌传播的特点进行深入分析，培养

数字化、网络化的思维方式，将读者的线上与线下需求结合起来进行品牌传播。同时，图书馆还要改变过去从内到外的单向说服模式，形成由外到内的思考模式，也就是要站在消费者的立场上对营销传播方式进行规划，以实时掌握消费者的动态，包括媒体形态、核心需求、接触信息的时间段等，与读者更好地沟通，构建长期的互惠互利关系。以上述理论为指导，在新媒体环境中，图书馆可采取以下几项措施进行品牌传播，如图 3-9 所示。

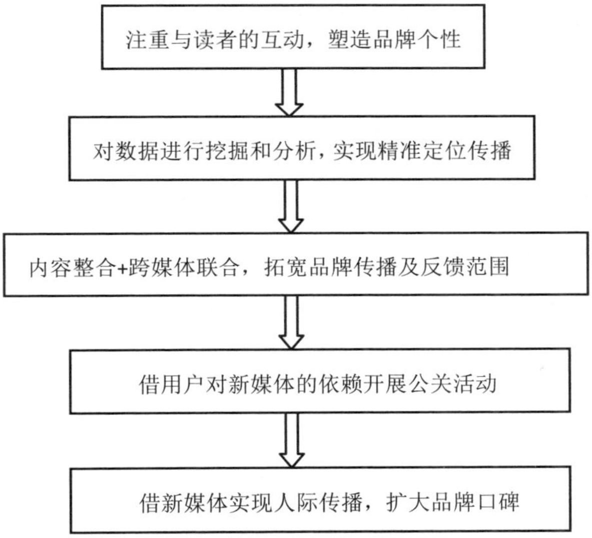

图 3-9　新媒体品牌传播措施

（1）注重与读者的互动，塑造品牌的个性

互动性强、信息及时的网络通信工具受到我国居民的青睐。而且随着我国各行各业的信息化水平的提高，国人使用网络通信工具的频率也越来越高。图书馆要抓住这一特点，利用交互式的传播方式将网民转变为品牌传播者，以扩大品牌的传播范围。

要想实现这一想法，首先，图书馆要对用户的新媒体接触点与接触频率进行精准把握，尤其要对目标读者的新媒体动态高度重视，利用最能吸引读者的新媒体将图书馆的活动或服务展示出来；其次，通过有效的互动来调动读者的积极性和吸引力，使广大读者能够主动参与进来。图书馆品牌个性的塑造与新媒体受众的个性特征密切相关，其原因在于，随着新媒体时代的到来，人们获取信息的方式和渠道越来越多。例如，拥有相同爱好的人可以在网络社区聚集，就某个事件或某个品牌相互交流、沟通、表达自己的观点。通过新媒体平台，各大门户网站可以实时更新新闻、资讯，各行业网站可以随时生成行业专业知识；通过个人微博、QQ 空间、微信朋友圈，用户可以随时发表自己的心情、动态，分享自己的生活，从而生成海量信息。如今，人们每天都生活在海量信息之中，图书馆的品牌信息要想在海量信息中脱颖而出，就必须与新媒体的传播方式相结合，通过各种渠道对消费者的个性化需求进行了解，从而实现个性化品牌的打造。

（2）对数据进行挖掘和分析，实现精准定位传播

新媒体的受众面更广，对于图书馆来说，精准定位成为其运用新媒体营销的关键，在此之前需要对不同新媒体以及新媒体与受众间的关系进行探讨，也需要针对受众进行细分，并针对不同的细分受众采取相对应的传播方式。要想实现上述目标，图书馆必须对媒体的角色定位进行精准把握，对目标受众群体进行细分，有针对性地投放品牌信息，以提升品牌传播效果。

（3）内容整合+跨媒体联合，拓宽品牌传播及反馈范围

在新媒体环境中，图书馆可通过设置超链接让更多受众对图书馆的品牌信息有更深入的了解，从而使品牌的传播范围与反馈范围有效拓展。例如，图书馆可通过设置让服务内容实现自动更新，设置能根据用户输入的关键词对服务进行智能选择，让用户方便快捷地搜索到所需服务。

（4）借用户对新媒体的依赖开展公关活动

根据用户对新媒体的依赖程度，图书馆可以对互联网用户的忠诚度进行有效

判断。用户对新媒体的依赖程度越高，新媒体的传播价值就越高，取得的传播效果就越好。所以，在选择新媒体开展公关活动时，图书馆要选择目标客户聚集的新媒体，以此提升传播效果。

（5）借新媒体实现人际传播，扩大品牌口碑

在新媒体环境中，人们经常会借助各种网络工具（如网络社区、微博、微信、QQ 等）进行交流，尤其是近年来发展迅猛的微信、微博，是很多人使用的网络工具。对图书馆来说，微博是制造话题、传播信息的重要平台。

4. 故事营销：传递品牌的价值理念

何谓故事营销？即图书馆通过讲故事的方式进行品牌推广，在故事中体现品牌的价值理念，与社会公众展开情感层面的互动，使社会公众产生认同感，从整体上推动图书馆事业的发展。

图书馆应该根据自身馆藏资源情况及品牌的特点创建故事，与此同时，要转变传统的思维模式，根据用户的需求进行内容的输出与运营。在这个过程中，应注重以下几个问题：

（1）提高故事营销的灵活性

相较于媒体类型，用户更加关注热点信息，图书馆可抓住当下的热点新闻，使馆藏资源与其联系起来开展营销。

（2）采用统一的风格

风格对品牌的影响是非常大的，因此，不管是采用什么媒体，图书馆都需要采用统一的风格，否则会让读者感到困惑，不利于品牌形象的塑造与传播。

如今，新媒体逐渐在图书馆的营销过程中得到普遍应用，新媒体时代的大门已经敞开。图书馆要灵活运用各种营销方式，采取适合自己的发展策略来增强整体效应。对图书馆而言，故事营销是一种品牌推广的方式。通过这种方式，图书

馆能够将品牌的核心价值融入其中，在进行宣传推广的同时，完成品牌理念的传播。为此，图书馆要跟上时代发展的步伐，积极地通过新媒体进行信息传播，并采取有效的方式提升营销效果。

二、新媒体时代的品牌塑造与运营

在图书馆运营的过程中，品牌建设是非常关键的。用户的认知水平、对图书馆的粘性等在很大程度上是由品牌建设来决定的。目前，图书馆市场竞争在不断的加剧，图书馆自身也需要不断的创新，更要充分发挥新媒体的优势，强化品牌传播，以提升自身的竞争力。

1. 有必要重新认识品牌、定位品牌

公众在认知图书馆时，更多的是从品牌开始。品牌力越强，公众对图书馆的认知水平就会越高，相对应的图书馆的知名度就会越高。对于图书馆来说，品牌建设需要强化品牌构建以及渠道管理两个方面。

在进行品牌建设及管理的过程中，图书馆要始终围绕读者的需求开展运营，根据读者的心理变化调整品牌的发展战略。如果图书馆能够选择适合的渠道进行品牌传播，就能够进一步扩大品牌的影响力，得到读者的青睐。

新、旧媒体在宣传方式上是存在着较大不同的。这也意味着利用传统媒体宣传效果好的品牌，不一定在新媒体平台上也有较好的效果。在进行品牌塑造时，图书馆要利用合适的时机进行品牌升级，使其更适合通过新媒体渠道传播，并采取有效措施拉近读者与品牌的距离。有些图书馆拥有悠久的发展历史，曾使用传统媒体进行品牌传播。这类图书馆在利用新媒体传递信息时无须对传统模式实施彻底的变革，而是应该进行自身的改良与优化，保留以往的竞争优势，并借助新媒体的力量进一步增强品牌传播效果，对读者的品牌认识过程施加引导，使读者

对图书馆品牌产生情感上的联系，并以品牌为连接纽带，提升用户的忠诚度以及对图书馆的粘性，以此来满足图书馆战略发展的需要。

2. 适应新媒体，品牌宣传内容及形式

图书馆要利用有效的渠道进行品牌传播，并发挥先进技术及新媒体平台的支持作用。图书馆要想通过品牌体现自身的核心竞争优势，就要注重品牌建设与品牌管理。新媒体环境下的图书馆，在运营品牌的过程中要注重以下几点，如图 3-10 所示。

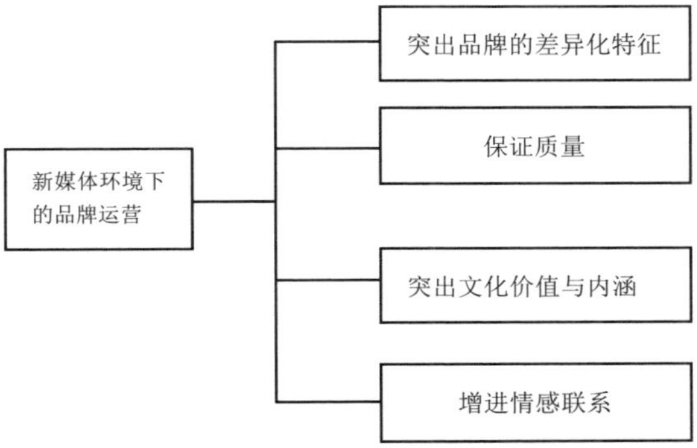

图 3-10　新媒体环境下的品牌运营

- 突出品牌的差异化特征

图书馆在通过新媒体传播信息的过程中，要实现内容的精准传达。在目前同业竞争环境下，图书馆也需要走差异化的战略，需要不断地确立和巩固自身的优势，才能实现竞争突破。

- 保证质量

在运用新媒体传播信息时，图书馆可采用各式各样的营销模式。对此，图书馆应根据自身情况合理选择。无论采用哪种营销方式，都要确保质量，为读者提供优质体验。

● 突出文化价值与内涵

图书馆的文化属性就决定了其在品牌传播的过程中，必须强调文化价值与内涵的建设。尽管新媒体能够丰富图书馆传播的途径，但图书馆仍然要依靠背后的文化价值体现其内容的深度。

● 增进情感联系

图书馆品牌与读者产生的情感联系是独一无二的。因此，在进行品牌宣传的过程中，图书馆要结合新媒体的特点，通过互动的方式来增强与读者间的情感关系，使读者能够积极地参与互动和传播，成为图书馆品牌建设和品牌理念的重要传播者。

3. 创新举措，做好品牌建设管理

在进行品牌建设与管理的过程中，图书馆要根据自身的特点及发展需求，选择适当的营销形式，通过新媒体开展运营，利用新媒体实现与读者的高效互动，从而达到理想的推广目的。新媒体环境下的品牌建设管理，如图 3-11 所示。

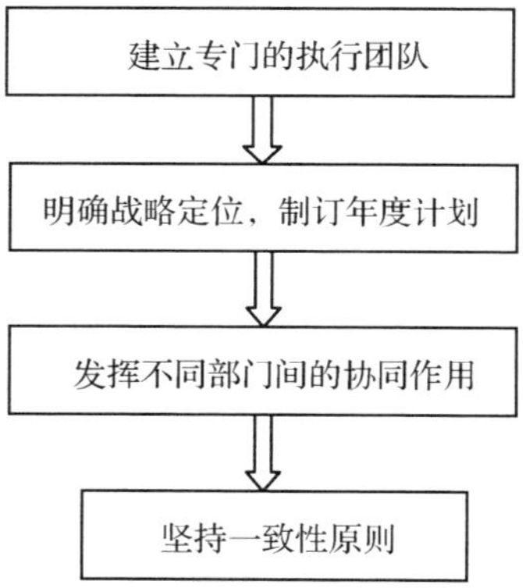

图 3-11　新媒体环境下的品牌建设管理

（1）建立专门的执行团队

为促进品牌战略规划的执行，图书馆可以建立专门的团队或增设相关部门，从而促进图书馆品牌的建设与发展。团队成员既要掌握新媒体的运营方法，又要对图书馆的历史与职能有充分的了解。

（2）明确战略定位，制订年度计划

图书馆品牌建设与发展必须与图书馆战略相一致。因此，图书馆在进行品牌建设时，需要在明确战略定位的基础上，进行年度计划的制订。在这个过程中，图书馆应该将新媒体与传统媒体分开，根据各自的特点选择适当的营销模式。

（3）发挥不同部门间的协同作用

品牌建设与发展涉及诸多因素，需要依靠不同部门通力合作。为此，不同部门的员工要加强联系，顺畅地沟通信息。例如：图书馆的一线服务部门要将服务情况反映给其他部门，对读者提出的意见进行总结，通过与读者互动发现运营过程中的不足之处，把握读者的需求与期待，并分析读者的阅读习惯，实施有针对性的营销，为图书馆战略的制定提供有效的参考。

（4）坚持一致性原则

图书馆在品牌建设及发展过程中要注意以下几点：

首先，要让图书馆员工明确自己的品牌定位，在此基础上发挥各方的优势，共同打造品牌，树立核心价值理念，并通过新媒体渠道传播价值，最终得到社会公众的认可。

其次，要在执行过程中保持一致。在确定图书馆的价值理念后，也不能忽视具体执行过程中对各个环节的优化处理，要将理念渗透整个流程，实现品牌价值的传递，逐步提高品牌的知名度与影响力。此外，运营方在明确品牌定位后，不能随意变更。

最后，要注重监督与监测。新媒体的信息传播能够突破时间与空间的限制，这既会扩大信息的传播范围，又会使图书馆面临更大的风险。为避免信息传播方向脱离既定的路线，图书馆要实施监督，减少负面信息的出现，在发现问题后及时进行公关，以降低损失。

第四章　图书馆微博营销

第一节　微博营销的概念、特点及作用

一、微博营销的概念

随着科技的发展，中国互联网已经全面进入“微博时代”。根据微博发布的2020 年四季度及全年财报显示，截至 2020 年 12 月，微博月活跃人数达到 5.21亿，日活跃用户达到2.25亿。微博是在博客的基础上推出的一种以内容短小为特点的微博客。在微博上，用户可以分享和传递信息，可以拥有个人线上社区，以文字、多图片、短视频等形式更新信息并实现即时分享。它是一种给予用户极大参与空间的新型在线媒体。

在“微博时代”，很多企事业在借助微博这一平台开展营销活动的过程中，往往会误解微博营销的概念，只是一味地将微博作为自己信息发布的平台。其实微博的营销功能是非常强大的，企业或者是事业单位利用微博平台为用户提供产品和服务，同时也实现自己品牌、产品信息的传递。通过微博营销，企事业单位只需要用很短的文字就可以达到发布信息的目的，满足消费者的需求，进而获得利益。微博营销通过内容信息的发布来传递价值。进行微博营销，不仅要做好定位，而且要保持互动性。要实现微博营销，需要做好粉丝维护、内容设计、话题和活动发起等各方面的工作。

所以，微博营销其实就是个人或者组织机构利用微博来进行品牌、产品的宣传和推广，在微博上发布信息，利用微博来实现信息的快速、广泛的传播，与客户保持互动，借助微博的互动性来获取市场信息，了解客户需求，维护客户关系。

二、微博营销的特点

微博营销是“病毒式”的营销，信息的传递是裂变式的，发微博没有门槛的限制，人人都可以发布信息，都可以成为信息传播者，总体来说，比起其他传统营销方式，微博营销的特点有：

1. 宣传立体化

互联网的快速发展也给微博营销带来了更多的形式，除了长微博之外，音频、视频链接的加入，也让微博改变了 140 字以内文字内容的单一模式，微博营销的方式自然也可以多样化，不仅可以用文字来表达，而且还可以用图片、音乐、视频等来进行表达，用户接收信息的方式，更加的直接。

2. 传播高速化

微博营销有一个很大的优势，那就是信息的传播是裂变式的，微博上发布的信息，可以在很短的时间内被无限次的传播，在关注度高的情况下，微博的转发量可以在短时间内达到百万次，阅读量更是惊人，所以有些商品品牌都是利用微博的传播速度快，将商品品牌的首次推广宣传放在微博上，这个品牌在极短的时间内，就可以获得超高的曝光率。

3. 推广简便化

微博的发布是拥有较强自由度的，所以企业或者事业单位在利用微博进行产品的宣传推广的时候，不需要接受审批，只要是合法生产的产品，那么微博传播的形式、内容、语言表达方式都可以多样化。这样可以缩短宣传流程、简化程序、提高宣传效率，同时降低成本。在微博上，用户可以畅所欲言，只要其言论不违法违规就可以。另外，微博上的信息发布不受时间地点的限制，用户可以利用各种终端设备，在有网络支持的情况下，随时随地发布信息。

4. 传播广泛性

微博是互联网发展的产物，微博上的信息可以在短时间内被粉丝广泛传播。微博上有很多的名人大咖，他们的影响力可以让事件无限发酵，这两者结合在一起，让微博营销拥有了更大价值。

5. 营销低成本

微博营销是一种低成本的营销方式，比起做传统媒体广告，微博营销的成本是非常低的。传统媒体虽然在广告传播上依然有着一定的优势，也是重要的营销手段，但是很多企业都因为无法承受巨额广告费，而将广告宣传的途径移到微博上，微博可以实现零成本或者是低成本的宣传推广，所以深受企事业单位的青睐，其都开始进行微博营销。

三、微博营销的作用

微博营销就是以微博为载体，来进行品牌、产品的宣传和推广。由于具有信息发布方式简单、信息传播快、范围广、营销成本低等特点，微博营销已经成为企事业单位广泛使用的新媒体营销方式之一。微博营销的作用主要体现在以下三个传播阶段：

第一阶段：形成具有受众群细化、传播内容具有针对性、实时更新的分众传播；

第二阶段：在分众传播的同时，进行大众传播，营造良好环境；

第三阶段：借助其他工具和手段，不断扩大受众面，增加参与者，让营销活动实现大众传播。

第二节　图书馆官方微博营销功能及策略

一、图书馆官方微博营销功能

1. 信息发布

微博的短小（140 字）及发送信息的方便性（用手机就可以发送），让微博彻底改变了信息传播的模式，任何一个人都可以实时接收或传递自己身边的第一手信息，那些微弱的信息也可能得到加强并引起广泛传播。这种自媒体引发的媒体变革和信息革命的影响是空前的，直接颠覆了过去由传统主流媒体主导传播信息的格局，让微博成为所有社交媒体中即时性的、低投入而高回报的信息传播平台。

2. 用户关系管理

微博作为一个营销平台，拉近了人与人的距离。简单的 140 字的微博，极大地降低了沟通的门槛。在微博上，图书馆可以随时掌握用户的状态和需求，根据需求将用户进行分类，然后有针对性地分类精准管理，能够更有效地维护和管理与用户之间的关系，这是传统的营销方式无法做到的。尤其是当用户在图书馆微博上提出质疑、表达不满、寻求帮助的时候，图书馆微博工作人员就可以对该用户进行追踪，从而了解实际情况，并且与之进行正面的沟通、解答疑惑或者给予帮助，这样可以避免负面信息进一步扩散，还可以消除用户疑惑，最终让用户满意。

微博的转发功能，使得图书馆或用户所发出的信息能够快速地传播给第三方。信息宛如一条线将各自的粉丝串联在一起，而非传统意义上的相互独立。这种彼此互动的关系更能够让他们产生共鸣，进一步使图书馆、用户、潜在用户之间的关系得到巩固。利用该功能对微博内容进行分享传播，可以让图书馆与读者建立更加紧密的联系。

3. 品牌传播

品牌传播是微博营销的重要功能，实现品牌形象的管理和传播也是微博营销的最终目标之一。图书馆可以充分利用微博，将图书馆自身的价值观念通过信息发布的形式传递给用户，塑造品牌形象，将图书馆官方微博打造为发布相关品牌信息的重要阵地。

4. 市场调研

在传统营销方式中，市场调研是一项复杂的工作，因为它要花费大量人力、财力及时间在市场上做调研。随着微博营销的崛起，通过人们在微博上发起并参与的市场调查活动，可以降低调研活动的人力和时间成本。对于国家图书馆而言，微博营销是一种具有创新性的、高效低本的方式。

5. 危机公关

一般企事业单位在碰到危机时，传统的做法是通过媒体进行危机公关。但是我们知道，无论是电视媒体还是纸质媒体都具有时效性，企事业单位的公关信息很少能够在第一时间呈现在人们眼前。在实践操作中，微博基于其自身特有的亲民、迅捷、开放、透明等优势，无论是从“真诚沟通”“速度第一”，还是“系统运行”“权威证实”等方面，都让其成为危机公关的最佳渠道之一。

二、图书馆官方微博营销策略

目前，面对着大量聚集于微博上的各类用户，选择变得越来越挑剔，对他们没有价值、没有吸引力的信息展示很难被有效地传播。基于实践操作的经验，我们可以从以下几个方面着手去提高图书馆官方微博的营销力。

1. 微博个性化

微博具有互动性，所以即便是官方的微博，在注重客观严谨的同时，也需要摆脱“公告”的影子，不能够将微博简单地当作发布官方信息的窗口，而要将微博打造成有情感的“人”，可以与粉丝进行交流沟通，有自己的个性。如果用户在浏览一个微博的时候，没有感觉到有什么特殊的地方，那么就不会在这个微博页面停留太久。微博的经营和品牌、产品的经营一样，都是要突出特点的，这样才能够对粉丝产生吸引力，才能够成为不被替代的、在粉丝心里有独特地位的微博。

2. 传递价值

微博上的海量信息只有在被用户浏览的情况下，才算有价值，在做微博营销的时候，也需要充分地认识到这一点。首先，在运营一个微博的时候，需要有一个明确的定位，要打造一个信息量大、有吸引力的微博。官方微博在吸引粉丝的时候，可以用奖励的手段，但是每天都发奖品也是不现实的，而且用奖品来吸引用户，也只能够获得一些对奖品感兴趣的粉丝，而不是真正的粉丝，这样的粉丝非但无法帮助图书馆进行宣传推广，反而会增加图书馆的微博营销成本。如果一个微博在用户心里是有价值的，那么微博就更能够了解这些用户，而这个价值，绝对不是仅仅靠奖品来体现的，更多的是一种深层次的价值，是对粉丝需求的一种满足。要经营微博，就要实现微博与粉丝之间的双赢。

3. 掌控节奏

微博就像一本随时更新的电子杂志，要让大家养成观看习惯，就必须定时、定量、定向发布内容。由于微博营销的特殊性，微博的发布不同于普通工作的 8 小时制，每天 24 小时都有人不停地通过微博发布信息和获取信息。当然，图书馆并不需要覆盖这么长的时间段，相对最有效率的办法是选择人们使用微博的活跃时段进行主要微博营销信息的发布，这样更容易得到转发和进一步的传递。有数据显示，微博用户的活跃时间也是相对集中的，上午十点到十二点，下午两点到四点，晚上八点到十二点，都是用户比较多、比较活跃的时间段，而晚上十二点开始，微博信息发布数量会明显减少，凌晨两点之后，就会到达最低点。

4. 强化互动性

微博很显著的一个特点就是互动性，如果一个微博博主拥有较多粉丝，但是大部分都是不活跃的粉丝，不发言不评论，那么就意味着，博主会慢慢地失去这些粉丝。所以微博营销很关键的一点就是要保持互动性。要在微博内容中加入粉丝喜欢的东西，很多博主都是采用关注、评论、转发加奖品的模式来保持与粉丝的互动。但是作为粉丝，其实更在意奖品，而不在意微博内容。所以图书馆微博的运营者应该多从粉丝的评论、留言中，去分析粉丝的喜好和需求，争取能够与粉丝建立朋友关系，能够产生情感联系，这种不是建立在奖品上的联系，其影响会更加的深远，同时再搭配奖励，有助于增加粉丝粘性。

第三节　图书馆官方微博营销实战技巧

微博营销是新媒体营销的热门渠道之一，其讲究交流、分享、互动的本质使得微博营销效果显著，与此同时，微博营销推广方法也层出不穷，营销人员应掌握不同的营销推广技巧，才能有针对性地制定微博营销方案并进行营销。

一、寻找精准粉丝

粉丝经济时代，粉丝是微博的灵魂，有了粉丝才能开展微博营销，因此微博营销的第一步便是找到自己的目标人群。吸引目标用户来扩大知名度，打造微博的口碑形象是微博营销主流的推广策略之一，图书馆在做微博营销时，应寻找符合自己服务内容的粉丝。

1. 通过标签找粉丝

微博有一个比较特殊的功能就是“标签功能”，这个功能可以将相同兴趣爱好的用户聚集到一起。微博用户在开通微博账号的时候，就会被提示选择自己喜欢的内容，那么这个时候用户的选择就相当于是给自己贴上了标签，通过这些标签，营销人员就可以基本知道用户的年龄、职业、喜好等，就可以有针对性的进行推送，划分目标人群。

2. 通过话题找粉丝

微博上的话题是通过“话题名称”来实现的，其最大的优点是可以通过微博搜索直接找到参与某个话题讨论的人群，这些人群因共同兴趣爱好而聚集，若谈论的主题与图书馆的文创产品或者服务有关联，那么他们可能就是精准用户。比如，如果发现某些用户经常参与#经典诵读# #阅读推荐#这样的话题进行讨论，图书馆营销人员就可以积极参与此类话题的讨论，通过这样的方法来寻找粉丝。但是营销人员在使用这种方式要对用户进行精准的定位，在参与话题讨论，或者是发起话题的时候，既要发挥出宣传作用，体现图书馆的文化价值，吸引和定位粉丝，又要达到营销目的。

3. 通过微群找粉丝

新浪微博为了能够更好地为微博用户之间交流提供服务，特别推出了新浪微群，将有共同爱好、讨论共同话题的用户集中到一起，让其可以在微群里面进行更好地交流，其实微群与我们经常使用的微信群、QQ 群是差不多的，只不过这个是微博平台推出的，用来方便微博用户使用。如果发现一个微群里面讨论的话题，是与图书馆、阅读等有关系的，那么图书馆就可以将这个群里面的用户，当作自己的目标用户，甚至直接发展成为用户。通过微群找粉丝只需要进入微博的消息栏，点击左上角的“发现群”，即可进入微群页面，然后搜索相关群名。如图 4-1 所示。

4. 通过相关账号找粉丝

寻找精准粉丝最简便有效的方式就是从与自己营销产品、服务相关的账号提取，这种方式不仅目的性明确，而且容易转化成自己的粉丝。相关账号可以从同行业官方微博、行业相关意见领袖（KOL）以及其他相关账号的关注粉丝入手，这些粉丝基本上也是图书馆营销的目标用户。

图 4-1　微群找粉丝

二、发布有趣的内容

微博是一个微型博客，其核心还是内容。同传统博客一样，内容的质量决定了用户群的规模，进而会影响营销效果。微博上面“有趣”的内容往往容易被粉丝围观，因此营销人员要根据用户的喜好来发布微博内容，将营销内容巧妙地融入热门的话题中，增加转发量，引起更多人的注意，从而达到营销的目的。

1. 制造话题

在做微博营销时，很多企业为达到更好的营销效果，常常会制造一些话题，以引发更多人的关注，“制造话题”是微博营销推广中常用的一种手段。一个好的话题往往能引发更多人的关注和讨论，在微博营销中关注的人越多，其所发布的内容就越具有号召力，微博传播的范围就越广。在微博上发起话题的时候，都是以#号标记开头，并以#号标记结尾，话题可以是有社会价值的、有娱乐价值的或者就是纯粹的调侃性话题。

一个话题引发很多人讨论，这个话题就有可能成为热门话题，将会被更多人看见，带来巨大的讨论量。营销人员可以紧跟热点，利用社会热点事件、重大事件制造话题，融入自己原创性的营销软文，这样就可以借当前的这些事件迅速扩散开来，扩大关注度。不过在追踪热点的时候，也不能够盲目跟风，发布的话题内容应该是有明确定位的。

2. 巧妙使用图片

很多人在微博上参与讨论某个话题的时候，总会在发表言论的同时配上一些图片，有时候，他的发言往往并没有什么特色，但图片却吸引了大家的目光。一般来说，某条博文配了图片，这条微博就更容易吸引大家读下去，长此以往，如果在参与话题或平时的微博写作上，做到每一条微博内容都能配上生动的图片，将非常有利于微博关注度的提升。

3. 搭配动态表情

在加入某一话题的讨论中时，为了能在众多微博账号中脱颖而出，除了使用图片之外，还可以使用一些动态表情，这样会让微博内容显得十分活泼。当用户看到这些有意思的表情时，可能会有兴趣仔细浏览你的微博，使越来越多的人产生兴趣，微博中的粉丝数量会自然而然迅速增加，进而提升自己微博的人气。

三、开展活动营销

对于微博营销来说，开展微博活动是最好的推广方式之一。微博活动是微博营销必不可少的，在前期，为了增长粉丝需要做活动；在后期，要通过活动引爆品牌传播留住“老粉丝”，增强粘性。因此，在图书馆微博营销中，可以举办一些营销活动，来调动用户积极性，拉近图书馆和用户的距离。

1. 微博营销活动的形式

在微博做营销活动，具有面向用户群广、传播力强并且能直接带来微博粉丝的作用。开展微博营销活动时应围绕这些优势思考，策划出有一定创意性、有助于获得较好营销效果的活动。这里主要介绍 4 种效果非常好的微博营销活动。

（1）转发抽奖活动

策划方发出一条活动微博，要求用户按一定格式转发，通常都要求至少@ 3 个人，并进行评论。最后在参与活动的用户中给随机抽取的一部分幸运用户发奖品。

（2）抢楼活动

活动策划方发出一条活动微博，要求用户按一定格式回复和转发，通常都是要求至少@ 3 个人，并进行评论。当用户回复的楼层正好是规则中规定的获奖楼时（如 99 楼、200 楼），即可获得相应的奖品。

（3）转发送资源活动

策划方发出一条活动微博，要求用户按一定格式转发，通常要求至少@ 3 个人，并留下邮箱。凡是转发者，邮箱中都会收到一份资源，如各种软件、工具、优惠券等。

（4）征集令活动

策划方发出一条活动微博，就某个内容发出征集令，如给某活动确定标题、口号等，然后从众多参与者中选出优胜者给予奖励。这样既宣传了产品，又得到了某个名字、口号，促使产品的曝光率提高，整体的效果非常好。

2. 微博营销活动的准备工作

做好微博活动营销，必须做好以下准备工作：

（1）活动目的

图书馆开展微博活动主要基于增加粉丝数量、服务推广、活动宣传等三个方面的目的，所以图书馆要明确想要达到何种目的，从而有针对性地开展微博活动。

（2）关键词

找到最能代表需求的、符合活动目的的潜在关键词，从而找到最典型的目标受众。

（3）活动时间

确立推广活动起止时间和最期望的“高潮时间点”，便于调整各方资源配置。

（4）优化外链

保证点击页面到位，针对手机客户端和 PC 端做优化，保证链接页面时效和防止遭到封杀。

（5）实时监测

建立监测基点，实时数据反馈，便于执行调整和实时监测。

3. 微博营销活动的关键点

（1）规则清晰、简单

微博活动规则过于复杂，在阅读上便会需要消耗用户的更多精力。为了能够让活动效果更好，在设置和描述规则的时候，就要尽量简单，这样才能够让用户有理解、参与的意愿，营销的目的才能够实现。一般来说，活动规则都是官方发布的，不超过一百字，可以另外搭配图片。

（2）激发粉丝参与欲望

任何活动，想要吸引用户参与，就需要贴合用户的需求、喜好，能够让其欲望得到满足，激发出其参与的意愿。一般来说，用户对于奖励都是比较有兴趣的，所以在发起微博活动的时候，都可以设置奖励，奖品应该是能够激发出用户挑战欲的，但是也不能够盲目追求价值，以创新更为重要。

（3）控制并拓展传播渠道

微博活动能否取得成功，与初期的活动效果有很大关系。如果在活动初期，并没有吸引太多的用户参与，那么就需要从两个方面来解决问题。首先可以从内部着手，让活动举办单位的内部员工积极参与活动，增加人气，员工还可以发动身边的亲友参加。其次，可以从外部着手，与微博上的红人、大V等进行合作，利用其影响力，吸引更多用户。

（4）沉淀粉丝和后续传播

发起微博活动的最终目的，还是要吸引粉丝、发展粉丝，所以在活动一开始，每一个环节都需要考虑到粉丝沉淀的问题，可以用奖励的方式来让粉丝@好友，但是也不能够过于依赖这种方式，一方面是因为粉丝的好友也是有限的；另一方面，频繁的@也会引起反感。可以用关联话题的方式，通过粉丝的社交圈来进行进一步的宣传，增加后续传播量。

四、善于与用户互动

微博的互动性是非常强的，这也是其能够吸引大量用户的一个原因。互动性强，可以更好地增加粉丝粘性，粉丝对微博的依赖性也会更强，粉丝传播的力量也是不可忽视的，那么利用粉丝力量，就可以实现较好的宣传推广。微博上面的互动功能主要有转发、评论、@提醒、私信、点赞等，每个功能都有不同的特点。图书馆微博账号的运营人员，需要了解这些功能，并且善于使用，以保持与用户的互动。

1. 及时回复

在微博上，粉丝会对博主发布的内容进行评价讨论，那么对于粉丝的留言，博主要能够及时回复，而且回复要用心，语言可以多样化、趣味化。快速反应往往能让刚刚发布评论和微博的人更容易感到贴心，让粉丝对此微博账号增添好感。

2. 主动转发

转发微博和评论微博的互动方式其实是类似的。要尽可能多转发一些热门微博，同时转发不忘评论，能够提高关注度，效果会更加明显。如果转发评论的内容比较有吸引力，还有机会获得发帖人的转发回复，这样的引流效果也是非常好的。

3. 私信交流

巧用私信功能，能够提高互动率。营销人员可以在博文评论中或关注列表中寻找优质粉丝，向粉丝定向发送私信，和粉丝探讨双方共同关注的话题，也可以谈论对方感兴趣的领域，或者询问对方的需求，借此来拉近与粉丝之间的距离。

此外，如果粉丝在线@官方微博的问题不方便公开回复，也可以私信沟通，这也是一种让粉丝感动的方式，而且私信会让粉丝认为更有亲密感。需要注意的是，不要轻易晒出私信，这样会失去私信的意义，很多人的私信聊天记录被晒后会有很尴尬或者被攻击的感觉。

4. 主动关注

主动关注别人也是一种很直接的微博互动营销方法，主动关注可以挖掘潜在的客户，增加营销机会。营销人员可以找那些通过互粉增加粉丝数、活跃度高的用户，主动关注他们，这样回粉率会较高。如果发现有粉丝与博主的兴趣爱好是非常接近的，而且也拥有较高人气，粉丝量比较大，那么就应该主动对其进行关注。与大V互动，借大V的人气进行微博推广营销是一个非常好的方式，尤其是在微博营销初期，账号人气不高的时候，这个方法十分有效。具体做法有以下几种：

（1）持续输出有质量的博文并巧妙@大V得到转发。

（2）定期关注大V的微博，对他的微博做出精彩的评论，或者转发。

（3）积极参与大V发起的微话题、微活动、微访谈、微直播，并提出一个好问题。

五、借力粉丝头条推广

微博上的付费推广一般有三种方式。利用微博上的名人大号来进行宣传；基于平台规模用户的展示类广告、固定广告位，包括开屏广告等；出现在微博信息流，以“精准营销”为目标的效果类广告，也就是本书重点介绍的粉丝头条推广。

1. 粉丝头条介绍

粉丝头条依托于微博的海量用户和社交关系，可以将用户的博文在粉丝信息流置顶，让更多粉丝看到，增加微博的曝光量，轻松积累社交资产，粉丝头条已帮助600万用户成功上头条。与一般付费推广相比，拥有微博的海量用户和社交关系的粉丝头条不仅能够完成当次的品牌营销活动推广，更重要的意义在于能够扩大微博平台“关系”优势，让更多用户成为广告主的粉丝，深化品牌与用户之间的关系。因此，粉丝头条是保证博文阅读量，提升图书馆官方微博曝光度，增进图书馆与粉丝互动的神器。

2. 粉丝头条推广形式

新浪微博也推出了很多产品，就是为了实现运营户的推广目标，比如粉丝头条就是其中之一。在使用了这个功能之后，所推广的内容就会出现在其所有粉丝刷新内容的第一条，虽然只能够在第一次刷新的时候有这样的效果，而且是在使用功能二十四小时之内，但是效果却很好，能够让用户第一时间阅读该推广内容。粉丝头条是按以下模式推广的：

（1）博文头条可以将用户的博文在粉丝信息流置顶，让用户的粉丝打开微博第一眼就能看到博文，使信息的传播无死角。而且还可以通过设置标签、精准定位等方式，扩大推广范围。

（2）帮上头条

利用微博平台明星、大V的影响力进行宣传，独有的冠名功能可以极大提升品牌影响力。

（3）账号头条

通过精准算法将用户的账号推荐给最有可能关注的粉丝，能够切实有效地提升粉丝数，快速获得大量优质粉丝。

3. 粉丝头条推广技巧

（1）选择近期发布的阅读量和互动量较高的微博

用户可以根据微博提供的数据分析后台，找到近期阅读量和互动量（转发、评论、点赞）较高的博文，作为投放粉丝头条的微博内容。

（2）选择想吸引粉丝参与的图书馆活动

图书馆的营销事件或重要通知，往往希望粉丝知晓并参与，并可以保证粉丝在第一时间看到信息，不错过图书馆与粉丝的互动。如抽奖活动、有奖竞猜活动等。

（3）会玩“帮上头条功能”

如果有某位微博大咖转发自己的博文，要及时通过“帮上头条功能”在大咖的粉丝中推广转发的微博，这样这条被转发的微博将在 24 小时内被大咖的粉丝看到。

第四节 微博营销效果评价

要对微博的营销效果进行评价，直接看营销内容的关注量、评价数就可以了，这种方式最简单也最直接，能够反映出营销的影响力，不过其对营销效果的反映是比较表面的，对于营销传播的深远影响力，却不能够直接反映出来。

一、影响微博营销传播效果的因素

一般来说，在评价微博营销效果的时候，都是直接看营销内容被转发、被关注和被评论的数量，其中被关注数量这个指标是比较重要的，这个所反映出来的就是这次营销的影响力，但是这个反映的结果只是表面上的，真正深层次的营销效果，却不能够充分反映出来。所以说，要从综合的角度，多方面地来对微博营销效果进行评价，不仅要看关注的数量，还要看评论的数量、互动性、转发量等指标。

1. 信息传播定位—实现微博营销传播效果的前提

微博营销能不能达到预期的目的，能不能吸引到粉丝和用户，关键就看其定位是否准确，营销的内容是不是符合目标人群的兴趣爱好，只有符合其兴趣爱好，才能够达到基本的营销目的，一般来说应该从以下几个方面来进行营销定位：

一是要凸显出产品或者服务的特点，通过微博信息传播的内容，要能够反映出品牌价值；

二是要通过一定的编辑技巧，让营销内容更具可读性、吸引力；

三是营销的内容、呈现的方式、编辑的效果等，都应该具有创新性。

微博营销需要进行信息定位，这一点与产品销售时进行的客户定位是一样的，在进行微博营销定位的时候，要保证营销信息的内容、编辑方式、呈现方式、语言组织等，都与目标人群的需求、喜好、习惯等相符。

2. 信息传播关注—实现微博营销传播效果的根基

在进行微博营销的时候，每一次的营销推广，不仅要关注粉丝数量，还要关注粉丝的质量，甚至在很多时候粉丝质量是比粉丝数量更重要的指标，一般来说会通过以下几点来判断粉丝质量：

（1）粉丝数量。在微博上面，一个用户的影响力是直接通过其粉丝数量来体现的，如果博主发布的内容被拥有较大粉丝量的用户关注了，那么图书馆微博号以及其推广内容的影响力也会扩大。

（2）粉丝的活跃度。在微博里面，有些粉丝是比较活跃的，有的粉丝则相反，如果能够被比较活跃的粉丝关注，那么信息被转发、被关注、被评论的可能性会更大，信息传播的范围也会更广，所以要通过分析粉丝标签等方式，来寻找活跃度高的粉丝，找到营销切入点。

（3）粉丝在线时长。在线时长可以判断出粉丝是否活跃，也可以反映出信息被关注的质量问题，如果粉丝非常的活跃，但是在线时间不长，那么对于微博互动性也是没有太大帮助的，也不能够促进营销影响力的扩大。所以图书馆应该走精准定位的路线，将自身定位成一个互动平台，通过互动来增加粉丝在线时长以及活跃度。

3. 信息传播互动—实现微博营销传播效果的引擎

微博影响与传统的营销方式相比，有一个很大的优势，那就是其互动性比较强，也正是因此，在进行微博营销的时候需要通过沟通的方式来提升产品或者是服务的影响力，要给用户发言的机会，在这个沟通互动的过程中，用户也会对图书馆产品品牌有更多的认识，而且在品牌建立的过程中，也会对其他的粉丝产生影响，吸引更多粉丝的关注。要发挥出微博营销的作用，就需要注重互动性。

图书馆官方微博在体现互动性的时候，也需要做到几点。首先，要保持双向沟通，对于粉丝的评论要及时回复；其次，要对粉丝的意见评论等进行分析，挖掘其所表达出的深层次的情感；最后，对粉丝所表达的负面信息要从正面进行沟通，沟通过程要尽量愉快、客观。

4. 信息转发—实现微博营销传播效果的核心

“病毒式”营销的效果是非常好的，而微博营销就是很鲜明的例子，在微博营销中传播裂变是通过信息转发来实现的，所以图书馆在对微博账号进行运营，发挥营销作用的时候，就要想办法来让自己的微博信息转发量得到提升，从而吸引更多的粉丝关注。其实任何企业或者是个人在进行微博营销的时候，首先要解决的就是提高转发量的问题。

传统媒介在进行传播的时候都是一个传播一个，但是微博营销可以实现一个传播给千万个，所以图书馆要很好地利用这一点来进行营销推广，关注图书馆微博账号的粉丝是否会转发图书馆的微博内容取决于多方面的因素，图书馆微博想要提高微博的转发量是要经历一个过程的，在这个过程中，图书馆微博的运营需要做到以下几点。首先，要贴合行业发展趋势，把握发展方向；其次，要在微博营销中做到精准定位，发挥出微博营销的互动性作用；最后，是对微博营销的效果进行及时的评价反思，不断地调整方案。

二、微博营销考核与数据分析

1. 微博营销中常见的数据指标

（1）运营型通用指标

微博粉丝数、二级粉丝数、活跃粉丝数比例、粉丝性别比例、粉丝的地区分布、流失率、粉丝增长率、每日发微博数、微博阅读数、微博转发数、平均转发数、新老粉丝访问率。

（2）效果型特定指标

销售量、网站流量、搜索结果数。

2. 图书馆微博的运营考核指标

（1）微博转发数、粉丝数、博文阅读数、互动评论数、搜索结果数。

（2）品牌声誉、正负面情感指数、互动回复数、微博响应时间。

3. 设计有效的微博运营报表

微博运营中涉及很多指标，单独看这些指标时并不能很好地发现运营中的问题，若将一些核心的数据指标整理出来，并连贯起来分析，就可以看到每天具体运营的状态，考核指标的达成情况。

（1）微博日常运营报表

主要记录包括微博内容、粉丝情况、主要页面等方面的数据，便于及时连贯地分析运营状态。

（2）微博活动日报表

活动营销是微博运营中很重要的部分，在发起众多的活动时，如何把控每个活动的效果及成本，需要设计一套微博活动的日报表。

4. 通过数据指标分析微博运营

数据指标被有效地记录下来是不够的，运营人员必须从这些数据中分析并找出规律，读懂数据背后的意义，再结合运营的工作来优化进步。每一个数据背后代表着一个用户的行为，每个行为背后都意味着用户对图书馆的态度。所以，运营人员要先学会记录数据，再学会分析数据、利用数据，这样才能做得更好。

三、常用微博营销分析工具

1. 微指数（http://data.weibo.com/index）

新浪微博为了能够对新浪营销数据和效果进行分析，专门推出了微指数这一工具，该工具中包括四个内容，分别是热词趋势、实时趋势、属性分析以及地域解读，反映出来的是关键词的影响力、热度。该分析工具的分析结果，可以很好地反映出一个账号的发展情况，或者是微博舆情的走势。

在微指数中，热词趋势反映的是这个关键词的热度走势，通过一个曲线图来进行反映，当点击曲线图中的某个节点的时候，会显示出前三条相关微博，这样就能够让大家知道其热词趋势为什么呈现出这样的一个曲线。实时趋势呈现的是二十四小时之内关键词的走势。地域解读反映出来的是不同地域的用户对这个关键词的关注量。而属性分析则是对关注该关键词的用户的标签进行分析、分类，从而判断其属性。

2. 新浪微舆情（http://wyq.sina.com）

“新浪微舆情”主要负责收录国内外大型网站、论坛、社交平台等上面的开放信息，并且自动地采用一些方式和工具，对这些信息进行语言处理、正负分类，实现对数据信息的处理。

利用新浪微舆情中的热度趋势分析、事件分析、信息监测等功能，就可以做到实时追踪热点，对热点信息受众进行分类定位等，从而为微博营销提供方向性的建议和帮助。

（1）（事件）热度趋势分析

热度趋势分析主要是通过热度指数来实现的，这个指标可以反映出一个关键词或者是一个事件受关注的程度，该指标是在对各渠道、各种信息进行收录、提取、分析的基础上实现的，如果要让指数更加准确，还需要对信息进行科学计算。

人们对一个关键词、事件的关注程度，都可以通过热度指数来反映，热度指数是用 0 到 100 的数值来反映的，如果受关注程度越高，那么热度指数就越大。

（2）事件分析

事件分析（包括全网事件分析和微博事件分析）指的是，输入近期事件或话题关键词，系统就会对事件的相关要素进行分析，包括事件的发酵演变过程，以及这个过程中其所受到的关注程度、评论内容、正负观点、受众类别等。

（3）微博传播分析

主要是在微博有着较大转发量或者评论量的时候，对该微博传播的方式路径、转发粉丝中影响力较大的用户、受众类别、传播效果等进行分析。在输入单条微博地址后，系统通过智能计算后呈现出其传播路径、关键传播者、引爆点、转发层级、覆盖人数、人物画像、热门转发微博等，用来完整呈现此条微博的传播情况。

3. 微博数据助手

微博数据助手为每位用户整理并呈现微博账号运营中的核心数据，为用户运营决策提供数据支撑。

1. 基本数据分析

粉丝分析：帮助用户了解粉丝数变化趋势以及为粉丝用户画像，包括粉丝的性别、年龄、地区分布和其他更多信息。主要功能是：分析粉丝趋势、来源、类型以及爱好、特点等基本信息。

内容分析：内容分析帮助用户了解账号发布内容的表现状况，帮助用户更多地分析粉丝对不同微博内容的喜好程度，方便用户调整发博策略以获取更多的粉丝互动和粉丝增长。其功能包括：对微博发布的内容、最近一篇单篇微博进行分析。

互动分析：互动分析帮助用户了解账号的互动表现。其功能包括：账户整体互动分析、我的主页访问分析、近 7 天账号互动 TOP10、我的影响力。

2. 高级数据分析

近 7 天粉丝活跃分布：了解粉丝在最近的 7 天时间内，主要的活跃时间段。

关注的粉丝量级：展示粉丝的数量。

粉丝兴趣标签：展示粉丝感兴趣的领域。

点击效果分析：详细展示每一篇微博图片和链接的点击情况。

相关账号分析：分析检测感兴趣的微博账号的表现情况和运营动态。

文章分析：用户所发布的头条文章阅读数分析。

视频分析：用户所发布的微博原始视频播放量分析。

第五节　图书馆官方微博营销案例及分析

本节以国家图书馆为例，分析介绍图书馆类官方微博的成功营销案例。

一、国家图书馆官方微博概况

国家图书馆于 2013 年 5 月 6 日开设新浪官方微博，截至 2020 年 12 月底，其新浪官方微博发布信息 18,882 条，粉丝 705,819 人。为方便宣传推广，国家图书馆新浪官方微博充分运用了新浪微博的话题功能，所有原创微博均以#某主题#开头，既条理清楚、突出主题，又便于用户查找和推广。其内容可以归纳为以下 5 类：

1. 资源推介类，包括“文津图书馆奖”“国图公开课”“每周一库”等栏目，主要对馆藏纸质文献资源和数字资源进行推介。

2. 信息发布类，通过公告或者新闻栏目，国家图书馆可以发布通知、报道、公告等。

3. 服务推介类，包括“读者培训”“每日经典诵读”“馆藏品鉴”“讲座预告”“数字阅读推荐”等栏目。

4. 业界资讯类，即“业界动态”栏目，发布国内各公共图书馆资讯，通过交流让社会公众能够对图书馆有更多的认识和了解，能够对图书馆的发展给予更多的支持。

5. 活动推介类，主要是对国家图书馆举办的各种活动进行直播、报道，在微博上发起有奖活动等。如“全民读书季”“我的图书馆故事”等栏目。

话题内容在固定栏目的前提下，会根据每年的业务发展及社会舆论环境做适当调整。

二、国家图书馆官方微博营销效果

1. 粉丝数量跨越式增长

国家图书馆于2013年开设微博，2017年底时粉丝20万人，这4年多时间，微博正常运维，粉丝平稳增长。从2018年开始，国家图书馆将营销概念纳入微博运营，通过明星推广、微博问答、微博投票、故事挑战赛、H5互动游戏、话题运维、视频推广等多种互动形式，保证微博活跃度及曝光率，将品牌传播、活动推广、文创产品宣传等充分运用到微博中，截至2020年12月底，粉丝70.5万人，3年内粉丝净增长50万人，年均增长16.7万人，在图书馆业界高居榜首。图书馆类官方微博粉丝数量，见表4-1。

表 4-1　图书馆类官方微博粉丝数量

序号	微博名称	粉丝数量
1	国家图书馆	70.58 万
2	深圳图书馆	48.87 万
3	杭州图书馆	47.33 万
4	重庆图书馆	13.70 万
5	陕西省图书馆	5.52 万
6	首都图书馆	3.28 万

2. 多项话题冲上微博热搜

#全民读书季##2000 亿条微博被国家图书馆保存##国家数字记忆##我的图书馆故事##国家图书馆 110 周年##行囊中的那本书#等话题的阅读量达 15 亿次、讨论 180 万次，多次登上微博热搜总榜，引起社会广泛关注。

3. 荣获多个微博奖项

2019 年，国家图书馆微博获评“微博十年特别贡献·创新”奖项。 2020 年，国家图书馆微博获评第一季度全国十大文旅微博第 2 名，第三季度全国十大图书馆微博第 1 名。在人民网发布的《2020 年政务微博影响力报告》中，国家图书馆官方微博位列全国十大图书馆微博排名第一，见表 4-2。

表 4-2　2020 年全国十大图书馆微博排名

全国十大图书馆微博

排名	微博	传播力	服务力	互动力	认同度	总分
1	国家图书馆	77.42	74.77	73.57	69.63	74.56
2	杭州图书馆	67.50	78.64	76.22	64.13	74.48
3	山东省图书馆	62.15	76.46	69.30	58.56	70.37
4	青岛市图书馆	54.04	80.44	66.00	53.30	69.56
5	淄博市图书馆	52.03	82.99	61.96	52.24	69.51
6	深圳图书馆	62.10	66.41	72.54	63.03	66.43
7	广州图书馆	60.07	70.40	66.78	52.57	65.82
8	重庆图书馆	60.85	63.33	67.66	61.01	63.47
9	南京图书馆	66.25	66.26	51.38	54.86	62.15
10	临沂市图书馆	58.40	67.43	48.14	47.07	59.73

三、国家图书馆官方微博营销推广方法分析

1. 基于用户培养的习惯营销

人们通过微博发布信息的时候，不再受到时间地点的限制，便捷性极大提高。不过，官方微博的发布需要更加的严谨，不仅要提前准备内容，而且要对内容的发布条数、时间和频率进行合理的规划和把控，定时、定量、定向的发布信息，形成一定的规律，培养用户自发性的关注习惯，增强用户粘性。

国家图书馆的微博发布数量保持在6～10条/天，主要集中在9—11点和13—17点这两个时段定点发送，固定栏目有：每日经典诵读、书刊推荐、馆藏品鉴、业界动态、读者培训、国图新闻。除此之外，周三配合国家图书馆网站增发每周一库，考虑到主要集中在周末举办讲座，以及预告和举办间隔时间不宜过长，因此，周四、周五增发本周的讲座预告。

固定的栏目、有序的编排使国家图书馆官方微博的运行更加规范化，也更加方便粉丝有选择性地关注自己需要的内容。

2. 以事件为中心的活动营销

事件营销即上文提到的活动营销，国家图书馆采用了具有新闻价值和社会影响的事件开展系列活动的方式来吸引媒体、公众和粉丝们的兴趣和关注。

2020年新冠疫情发生后，国家图书馆官方微博发布#同心抗疫为爱而行#话题，官宣启动中国战“疫”记忆库建设项目。同时参加微博站方的抗疫热门活动，用图、文、视频等形式发布：“抗疫不孤读”“以读攻毒”“抗疫行动”“手写加油接力”“我为武汉加油照片征集”“元宵节亮灯为武汉加油”“文化宅生活图鉴”“百城行动战疫情”“用自己的方式表白医护”“文物系荆楚祝福

颂祖国”“祝福接力海报”等博文和话题；发布“在线数据库陪你战‘疫’到底”系列、“他们见证了文明”系列、“百草园里识百草”系列、《理性防疫·从“心”开始—“疫情之下的心理与健康”系列微课程》等多个系列资源推送。截至 2020 年 12 月 31 日，微博抗疫相关博文阅读量超过 3000 万人次。如图 4-2。

图 4-2　发布#同心抗疫为爱而行#话题

国家图书馆 111 周年馆庆期间，官方微博开展“国家图书馆 111 周年”系列活动，开通并运营#国家图书馆 111 周年#主话题，下设#我如鱼书如水国图如海

##手绘国图##这本书代表我眼中的图书馆#分话题，开展“寄语国图”话题大赛、“微博故事挑战赛”“手绘送祝福”等互动活动，话题访问量达 6200 万次，发布“代代国图人”等主题视频，播放量达到 50 万次，活动期间上微博置顶热搜 1 次。如图 4-3。

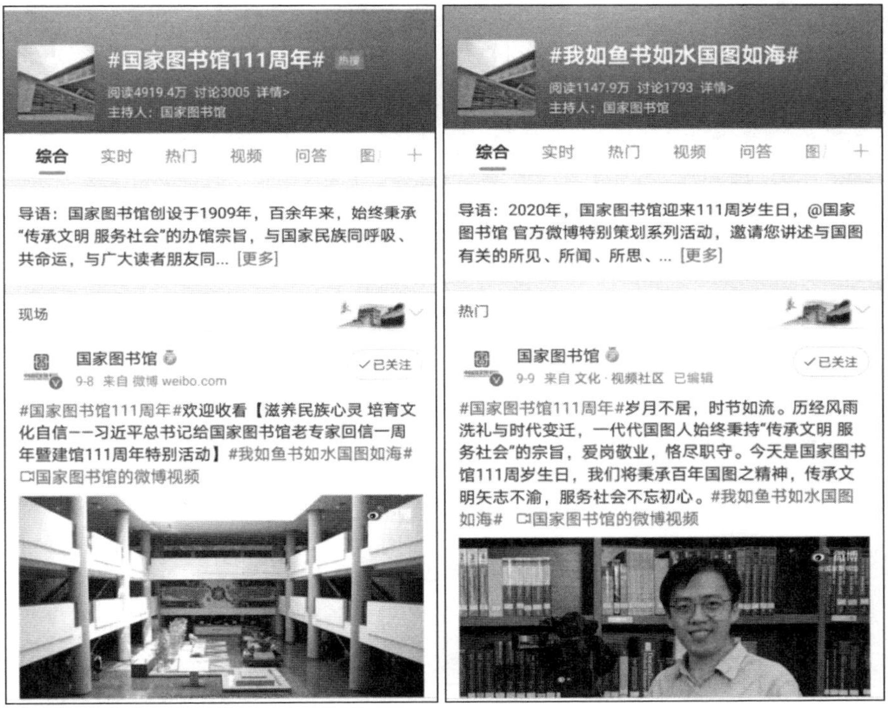

图 4-3　国家图书馆 111 周年馆庆话题

3. 借力“明星+大 V”宣传推广

利用微博平台明星、大 V 的影响力进行宣传，独有的冠名功能能够极大提升影响力。在 2019 年的世界读书日，国家图书馆就在微博上发起了相关话题，邀请了赵丽颖、佟丽娅、陆毅、蒋方舟等 12 位明星作为全民阅读推广者，制作宣传海报，并组建明星读书小组，引爆全平台阅读热情，单日读书小组入驻量将近 1.2 万人，累计传播覆盖微博用户高达 1.5 亿+。宣传海报如图 4-4。

图 4-4 宣传海报

4. 业界、跨界多方面联动营销

互联网的不断发展，让网络营销的渠道、方式都更加的多样化，少了很多的限制，跨界合作营销也比较常见。2019 年，国家图书馆官方微博推出#全民读书季##微博故事挑战赛#活动，邀请了 20 余家图书馆馆长拍摄短视频寄语微博，联动全国 130 余家图书馆及上百家高校图书馆进行话题互动。除了图书馆业界联动，还邀请了国家文物局、教育部、国家移民局、海关总署、公安部、全国妇联等 20 多个部委账号进行联动，活动期间，#全民读书季#话题阅读量 19.2 亿次，讨论数 220.9 万次，如图 4-5。2020 年春节，在微博平台开展“2020 图书馆新春锦鲤”活动，联合 18 家图书馆提供 40 余套文创及图书，大年初一抽出一位幸运获奖者，单条博文的阅读量 1743 万次，转发 1 万次，评论 4728 条，点赞 4264 条。

5. 线上线下的整合互动营销

这种营销模式是将线上营销和线下营销结合起来，增加双线互动，通过平台和馆区内活动的结合，使图书馆的理念和服务得到更加有效的宣传推广。

国家图书馆以讲座预告、专题报道等形式将线下的活动呈现在微博服务平台上，另外，也会配合线下活动，发起基于新媒体服务平台的互动活动。例如，在我国第 26 个图书馆服务宣传周期间，除了在线下举办了一系列的体验活动，线上也发起了“图书馆服务在我身边”的互动活动，吸引了粉丝的积极参与。粉丝们纷纷就现在越来越多样、便捷、贴心的图书馆服务抒发感想，分享体验。2020 年春节前，除线下活动外，国家图书馆还在微博平台开展#行囊中的那本书#有奖互动活动。微博平台活动单条博文获 57 次转发，评论 131 条，点赞 11.9 万次，阅读量 57 万。#行囊中的那本书#话题词总阅读量 155.1 万，讨论 878 人次。如图 4-6。

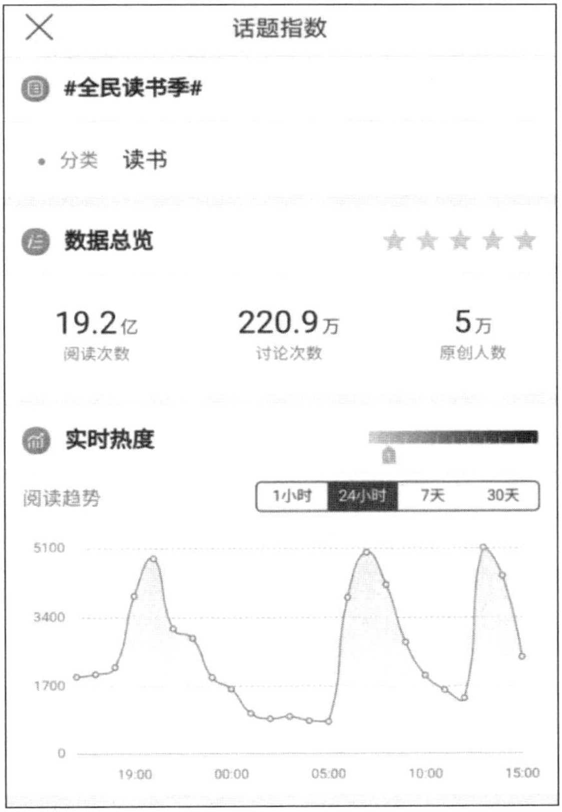

图 4-5　#全民读书季#话题指数

图 4-6 #行囊中的那本书#话题

第五章　图书馆微信营销

第一节　微信营销的概念、特点及模式

一、微信营销的概念

微信营销是当前企业营销模式的又一种创新，在微信的使用越来越普遍的情况下，企业通过开通自己的微信公众号的方式，利用微信的社交影响力进行营销。

从广义上来讲，微信营销是一个系统的营销过程。具体是指利用微信提供的所有模块和功能，将企业的公众号、员工个人微信号、客户微信号等都联系起来，建立有效的微信矩阵，从而形成一套精准的营销体系，如图 5-1 所示。

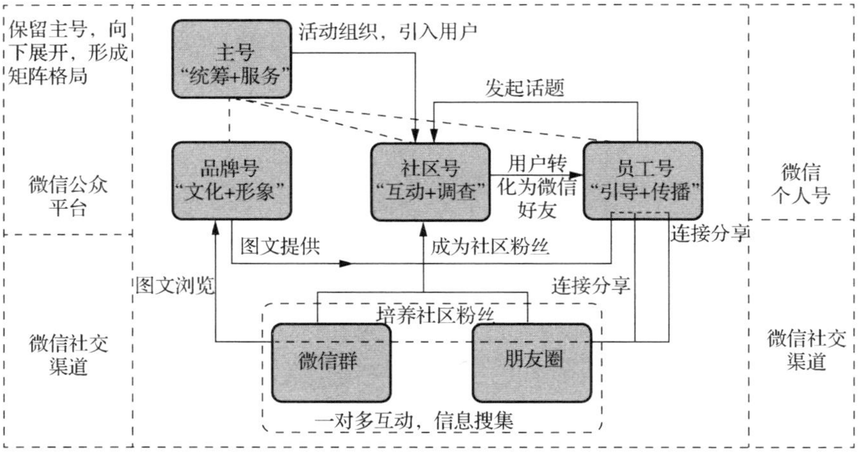

图 5-1　微信营销矩阵体系

从狭义上来讲，微信营销就是企业或者个人利用微信进行品牌的建设、产品的宣传，在微信平台上进行宣传销售活动，与客户进行互动，维护彼此关系等。

二、微信营销的特点

微博是集多功能于一体的自媒体平台，在宣传推广方面，拥有天然的优势，微博上的信息传播速度和广度，都是让人惊叹的，不过从传播深度上来看，微博却比不上微信。微博的宣传可以看作是几万人的宣讲会，而微信的宣传是好友之间的促膝长谈，显然后者更能够走入对方的心里，前者有广度，后者有深度。微信营销的主要特点：

1. 点对点精准营销

微信在营销推广方面，同样拥有较大优势。一方面这是一个受众面非常广的社交平台；另一方面微信上的信息发布者和信息接收者，也是可以随时实现角色转换的，所以，企业可以利用微信进行精准营销。

2. 形式灵活多样

（1）签名栏：在微信里面，无论是个人用户还是企业用户，都可以设置自己的签名，企业可以利用这个功能对自身的品牌、产品进行宣传。

（2）二维码：在微信里面，用户可以生成自己的个人信息二维码，其他人通过扫描二维码，就可以添加用户为好友。企业可以生成企业信息的二维码，让用户扫码关注企业微信，可以享受一定的产品优惠政策。

（3）开放平台：微信里面有小程序的功能，也就是说第三方的应用系统也是可以在微信里面打开的，企业可以利用这一点，引导用户进入相关产品页面，从而更好地促进营销。

（4）公众平台：微信公众平台让每个微信用户都可以开通公众号，可以通过发表文章、推送消息的方式，来经营自己的公众号，还可以实现公众号与粉丝之间的互动。

3. 强关系的机遇

微信的点对点产品形态注定了其能够通过互动的形式将普通关系发展成强关系，从而产生更大的价值。互动性的特点，让微信公众号的运营者可以与公众号的粉丝随时进行的沟通交流，可以是普通的聊天，也可以是为粉丝解答疑惑，还可以是另一种形式的企业的介绍会、产品发布会等，这样一来，企业与客户之间更像是一种朋友关系，那么客户对企业就会更加信任。

三、微信营销的模式

1. 朋友圈营销模式

在朋友圈经常会看到朋友分享的内容，所以有的人就通过加好友在朋友圈发软性文章做推广。微信目前限制好友数量的上限是 5000 人，假如你拥有 5000 个好友的话，就相当于拥有了一个活跃度很高的微信账户。通过在朋友圈发导购信息，然后转入微信私聊，进入微店成交，已经成为很多微商运营的主要模式。

2. 微信群营销模式

当前，很多企业都会将老客户按照一定的属性组建微信群，然后在群里发送 H5 活动海报、链接等相关信息，开展定期或不定期的营销活动推广，同时回答客户的咨询和疑问，处理售后相关事宜，以增强老客户体验感和满意度。

3. 微信公众号模式

不管是企业还是个人都可以开通微信公众号，通过微信公众号推送文章和提供用户需要的服务。有的企业微信公众号积累了几千万用户，这样企业就可以直接针对自己的客户进行精准的信息推送，从而大大提高了企业的用户管理和运营水平。

4. 微信广告模式

微信针对中小企业主推出了“广点通”业务，也就是开通账户后，可以在微信公众号文章底部插入企业的产品广告链接，对于更有实力的企业来说还可以尝试投放朋友圈广告、微信群广告等。

第二节 图书馆微信公众号营销设计技巧

一、图书馆微信公众号营销定位

微信公众号其实也是分成不同类别的，所以如果要开通微信公众号，首先需要知道不同类型的公众号的作用和特点，然后再根据自己的目的进行选择。

1. 公众号平台选择与定位

企业号主要用于做管理，类似于企业内部的管理系统，面向的是企业内部的员工或者企业运营流程上下游客户。服务号主要用于做服务，如国家图书馆微信服务号，将个人银行账号与该服务号绑定后，每次借书时图书馆的服务号都会发来消息，服务效率非常高。订阅号主要用于传播，通过展示自己的特色、文化、理念来树立品牌形象，每天一条的发送有很多传播利用空间。企业号、服务号、订阅号的功能对比，如表 5-1 所示。

表 5-1　企业号、服务号、订阅号的功能对比

	企业号	服务号	订阅号
面向人群	面向企业、政府、事业单位和非政府组织，实现生产管理、协作运营的移动化	面向企业、政府或组织，用来对用户进行服务	面向媒体和个人提供一种信息传播方式
消息显示方式	出现在好友会话列表首层	出现在好友会话列表首层	折叠在订阅号目录中
消息次数限制	最高每分钟可群发 200 次	每月主动发送消息不超过 4 条	每天群发一条
验证关注者身份	通讯录成员可关注	任何微信用户扫码即可关注	任何微信用户扫码即可关注
消息保密	消息可转发、分享，支持保密消息，防成员转发	消息可转发、分享	消息可转发、分享
高级接口权限	支持	支持	不支持
定制应用	可根据需要定制应用，多个应用聚合成一个企业号	不支持，新增服务号需要重新关注	不支持，新增服务号需要重新关注

从上面的表中可以看出，不同类型的账号，作用也是不一样的。如果是为了宣传推广，那么就使用订阅号；如果是为用户粉丝提供服务的，那么就选择服务号；如果是为了方便内部管理，那么就使用企业号。

2. 公众号用户定位

与个人微信营销一样，公众号营销也需要了解目标用户属性、行为及需求特征，为营销活动的开展奠定基础。了解用户属性和行为就是要从用户自身的特点出发，为其画像，从而找到目标人群，确定辐射受众面，设计公众号的功能特色、服务模式、推送风格等，进而打造品牌形象，实现运营目标。

3. 公众号内容定位

现在的目标人群越来越精细化，要想目标用户长期关注公众号，策划定位内容是最关键的因素。在公众号的内容定位过程中，图书馆需要结合自身的品牌来

定位总结品牌的简单调性。也就是品牌定位下的目标人群对品牌的看法或感觉。如品牌调性是“年轻无极限，给爱读书的你一片属于自己的天空”，那么品牌调性的关键词就是“年轻”“阅读”等。在掌握了品牌调性之后，再来分析受众特点，就可以有针对性地进行内容设计。即该品牌公众号内容在风格上需要展示一个青春有活力的形象，而在内容选取上就要适当倾向于分享一些积极向上的文章内容。此外，在具体的内容选取中，要结合内容个性进行有效的选取，以吸引用户注意、增加用户粘性和适当体现品牌价值。在选取内容的时候，既要考虑到内容是否为用户所关注的，也要尽量增加内容的趣味、个性、创意，同时还要增加互动。

4. 公众号服务定位

要打造独具特色的微信公众号，除了做好内容，用户更看重的是该公众号能够提供的服务。图书馆的公众号，除了推送图书资源类文章内容外，还能提供在线借书预约、连接 Wi-Fi 等基础服务。有些公众号的运营目的其实是以服务粉丝为主的，对文章推送反而不是那么的在意。这也说明用户之所以会关注一个公众号，不一定是因为公众号的文章内容、传播效果、品牌等，同时也会受到用户自身喜好、习惯的影响。微信粉丝的忠实度低的根本原因在于公众号无法为用户提供刚需服务，不能满足用户的真实需求。所以本质上讲，要做好差异化的公众号关键在于：通过公众号为用户能够提供差异化的服务、开展独特的活动，以满足其个性化的需求。

二、图书馆微信公众号营销设计

1. 公众号名称设计

好的名字可以让用户直观地了解公众号的目标定位、品牌调性和内容主题，可以快速圈住用户，甚至可以降低传播成本。公众号名称设计方法，见表 5-2。

表 5-2　公众号名称设计方法

设计方法	适用情况	作用及效果	举例说明
直接命名法	适用于机关、企事业单位等	便于后期推广和用户识别，同时也可以统一对外的官方形象	人民日报、新华社
细分行业或者领域	适用于内容上有专业化、垂直化需求的用户	以行业内容为基础，解读行业的资讯、发展、动态等	财经内参 汽车知识攻略
平台+频道内容	适用于平台本身比较知名，想打造微信公众号矩阵的企业	平台自身可以带来流量和关注，平台内容丰富	凤凰网军事频道 果壳问答
地区命名	适用于需要快速获得本地粉丝，且用户的信任度和信赖度比较高的用户	地区垂直定位，可围绕地区的政策新闻、民生琐事、吃喝玩乐为主更新内容	最爱大北京 IN 广州
时间+内容	适用于对内容有高频需求的用户	可以让用户养成良好的定点阅读习惯，会定期阅读文章	十点读书会 每晚一本书
谐音命名	适用于需要快速获取粉丝的用户	用谐音吸引用户关注	黄金时代 别居一格
人名或笔名	适用于打造个人品牌的运营人	内容大多具有极其明显的个人风格特点	周小平同志 吴晓波频道
人物+内容定位	适用于某领域有特殊需求的用户	有人物有内容，用户定位很集中	类类有话说 韩利深夜聊运营
特殊意义词汇	适用于粉丝好奇心重的用户	充分吊起用户的好奇心理	金融八卦女 涨停板内幕
技巧小知识	适用于在某领域有特殊需求的用户	有人物有内容，用户定位很集中	健康养生秘诀 美食菜谱大全

图书馆作为公益事业单位，微信公众号的命名方法最好采用直接命名法，这样便于宣传推广和用户识别，以统一的官方形象进行运营。

2. 微信公众号内容设计

（1）公众号菜单栏设计

微信公众号可以创建不同级别的菜单，一般来说可以创建的一级菜单数量是三个，二级菜单不超过五个。微信公众号自定义菜单的设计主要遵循让用户使用方便、先予后取、业务精简、为用户节省时间等几个方面的原则。可以从用户需求的角度来设计自定义菜单，还需要注意以下原则：理清运营者与服务群体的依赖关系，找到用户的需求；要明确核心业务模块，增强用户粘度；结合推广运营的角度，设立吸引眼球的菜单栏。

（2）标题的设计

标题的好坏直接对用户是否阅读文章起着关键性的引导作用，只有标题写的够精彩，用户才更有可能阅读文章内容。常见标题的写法有以下几种：

开门见山式。这是最常用的方法，即直接说明文章内容。如：大美人公众号的“日常妆这样画，让你颜值爆表，回头率 100%！”一文，从标题上就直接说明该文章就是来教你怎么化妆的，爱美的女性绝对不会错过这样的好文章。在文章阅读量提升的同时，产品也会深入读者内心。

热门话题式。热门话题往往能引起人们的共鸣，更容易激发目标人群的阅读兴趣。如：天猫、京东在开展“年货节”，凯叔讲故事公众号就推出“找回记忆中的年味儿，从一份暖心的年货开始”。从热门话题入手，在吸引小朋友听故事的同时，也勾起了家长对儿时过年的回忆。

流行词汇式。流行词汇因为覆盖面广，用来做标题更容易引起广泛关注。如：广播台学通社“表情包大作战，请问你有 freestyle 吗？”标题，紧紧抓住当前流行词汇，抓人眼球。此外，“双关语+网络热词”是种很好的搭配，其互相弥补新颖创意与过度流行间的不平衡，比如“在 Instagram 上 50 位 KOL 晒同款女裙照片，裙子迅速售罄，但 FTC 说违规了”。

设置悬念式。当标题比较有悬念时，往往会勾起人们的好奇心或求知欲。如：“你为什么做事坚持不下去？”“人类可以长生不老？”等，均是通过设置悬念来引起关注。

（3）公众号正文设计

用户一般都比较喜欢看情感、生活、娱乐以及实时新闻类的文章。因此，公众号正文内容必须遵守“3I 原则”，即有趣、利益、个性。同时，用户最愿意分享的内容才更应该是公众号需要去开发的文章类型。具体有以下几种：

★主题积极、让人感到兴奋的内容；

★让人愤怒和恐慌的；

★显示自己聪明、消息灵通、见多识广的；

★实用且容易记的；

★有价值的故事。

在内容创作过程中，只有满足用户的真实需求，找到用户的“痛点”，探寻出一条独特的、个性化的路，才能增加用户的粘性。主要需要注意以下几点：

★内容宜精不宜多，用户看的是质量；

★打造公众号的独特性，提高用户粘性；

★丰富推广方式，强化与粉丝之间的互动；

★借热点东风，植入品牌；

★细节决定成败，标题和引导重中之重；

★善用数据分析，了解用户喜欢的内容。

（4）公众号排版设计

在公众号的排版上，一定要注意细节，最好能给用户带来良好的体验。

图片一定要精美。精美的图片会让阅读者感到赏心悦目，才会有继续读下去的欲望。首图按 720×400 像素设计，可以加入视频。图片应该少而精，选择点击率高的图片。

图文摘要具有吸引力。好的创意配上图文才能吸引人气。文字一定要配插图，而且插图要尽量与文章内容贴合，图文互相搭配起来看，效果会更好。文章的篇幅要控制住，正文内容 14～15 号字体为佳，行间距 1.8～2.0 倍都可以。

配色不超过 3 种。公众号要想给用户留下深刻印象，必须坚持自己的基调。

为引导用户关注，在文章结尾部分，需要有合适的引导图文。

整体排版如果内容过少，可以居中排版，多加点元素。如果内容过多，尽量两端靠齐排版，留好上下段落间距，保持版式整洁。

三、微信公众号粉丝维护技巧

1. 设置功能介绍

粉丝在关注公众号时，第一印象来自微信账号的功能介绍。功能介绍内容可以采用“关键词+功能定位”的方式，以简练的语言突出功能亮点；也可以将账号名称加入其中，并带上感情色彩，让介绍变得生动有趣；还可以写上实惠的服务内容与有趣的互动内容来吸引人们的关注。

2. 设置欢迎语

从让对方感受到被尊重、体现公众号形象、增加互动、增加用户活跃度的角度，设计一个具有吸引力的欢迎语能给用户留下更好的印象。

3. 风格确定

目标人群不同，公众号的风格也不同。确定适合的平台风格，可以更好地抓住目标用户的“痛点”。公众号的风格类型主要有：促销互动型、信息播报型、专业知识型、幽默搞笑型、关怀互动型、小资文艺型。根据图书馆的性质，图书馆微信公众号风格可以确定为专业知识型或者信息播报型，或者两者相结合的风格。

4. 自动回复

设置自动回复是吸引用户持续关注的手段之一。在设置自动回复时，要符合以下几点要求：可用数字作为规则名，便于管理避免重复；每个关键词最多有 5 个不同的回复；导航菜单栏的设置和关键词一起设置；发送图文后，与内容相关的关键词也要设置自动回复。

5. 推送时间

现在人们的生活节奏都是比较快的，所以刷微信朋友圈、看公众号的时间，一般都是碎片化的时间，比如说上下班路上的时间、进餐之前的等待时间、睡觉之前等，所以，推送时间最好选择相关时间点。

第三节　图书馆微信公众号营销推广技巧

根据微信公众号的特点，微信营销推广的技巧主要包括通讯录转化吸粉引流、朋友圈推广、公众号互推、开展互动活动以及其他营销方法等。如图 5-2 所示。

一、通讯录转化吸粉引流

通讯录转化是指微信公众平台运营者将自己手机通讯录中的微信用户添加到

自己的微信账号上，然后给他们发送自己微信公众号的信息，从而将他们转化到自己的公众号上。这种吸粉引流方法的优缺点，如图 5-3 所示。

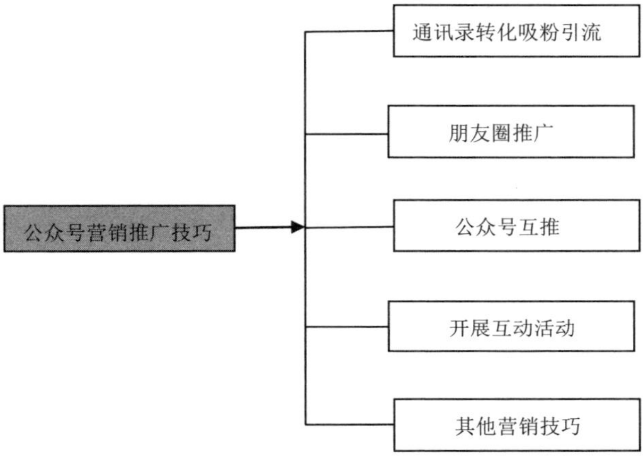

图 5-2　公众号营销推广技巧

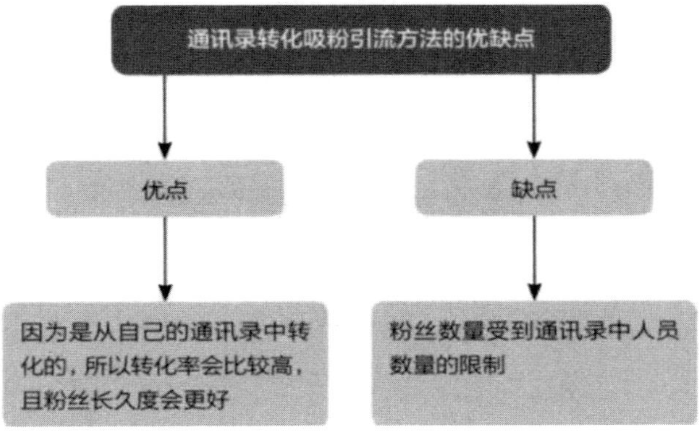

图 5-3　通讯录转化吸粉引流方法的优缺点

可以按照下面的方法，将手机联系人中使用微信的用户，加为自己的微信好友：

首先，需要登录自己的微信，然后可以看到右上方有一个小的“+”号，点击之后，就可以看到第二个是添加朋友，点击之后即会进入“添加朋友”界面，在该界面运营者需要点击“添加手机联系人”选项，即可进入“查看手机通讯录”界面，运营者只要点击右边的“添加”按钮即可。

二、朋友圈推广

朋友圈推广指的是运营者在自己的个人微信号、图书馆微信号的朋友圈里发布软文广告或者硬广，让自己朋友圈的朋友关注你的微信公众号的一种营销推广方法。运营者在进行朋友圈营销推广的时候，可以把图书馆微信公众平台上发布的文章，在自己的朋友圈重复发布一次，朋友圈中的朋友看见了，如果感兴趣就会点开文章阅读，运营者可以坚持每天发送，只要文章质量高，自然能够吸引他们关注公众号。这种方法在分享了自己的动态的同时也宣传了公众平台，是很不错的推广方法，而且也不容易引起朋友圈中好友的反感。微信运营者可以利用朋友圈的强大社交性特点为自己的微信公众平台吸粉引流。朋友圈的强大主要表现在两个方面，如图 5-4 所示。

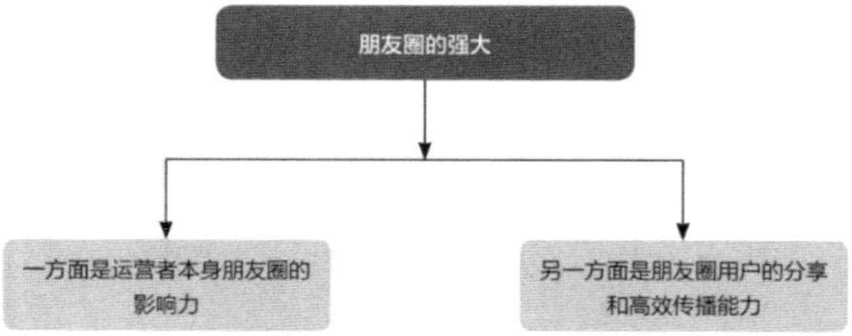

图 5-4　朋友圈的强大

三、公众号互推

公众号互推，也就是建立公众号营销矩阵，指的是两个或者两个以上的公众号运营者，双方或者多方之间达成协议进行粉丝互推，以实现共赢的一种方法。相信大家在很多的微信公众号中都见到过，即某一个公众号会专门写一篇文章给一个或者几个微信公众号进行推广，这种推广就算是公众号互推。这两个或者多个公众号之间，其运营者可能是认识的朋友，双方或者对方之间约定好有偿或者无偿给对方进行公众号推广。运营者在采用公众号互推营销推广的时候，需要注意的一点是，互推公众号平台类型尽量不要跟自己的平台是一个类型的，因为这样运营者之间会存在一定的竞争关系。互推公众号之间尽量以存在互补性的最好。图书馆公众号主要是推广阅读及馆藏资源，那么在选择互推公众号时，就应该先考虑找那些推送文化类的公众号，这样获得的粉丝才是有价值的。

四、开展互动活动

运营者还可以在公众平台上或者其他平台上开展各种大赛等互动活动来营销推广。通常在奖品或者其他条件的诱惑下，参加活动的人会比较多，而且通过这种大赛获得的粉丝质量都会比较高，因为他们会更加主动地去关注公众号的动态。运营者可以选择的大赛活动类型非常多，但是原则上大赛的类型要尽量跟自己的公众号运营所处的行业、领域有关联，这样获得的粉丝才是有高价值的。

五、其他营销技巧

1.“摇一摇”

众所周知，微信的“摇一摇”功能非常强大，它利用了人们的好奇心，让人们通过“摇一摇”功能就能交到朋友。微信公众平台将这一功能进一步的放大，运营人员登录公众号之后，单击“添加功能插件”按钮就能进入“添加功能插件”页面，在“添加功能插件”页面找到“摇一摇周边”功能，单击进入相应页面，然后利用已绑定的微信扫描页面中的二维码就能授权登录。“摇一摇周边”有很多典型的应用场景，包括：商超零售：精准定位引流；餐饮：在线点单支付、近处优惠等；广告：多屏互动，信息精准送达；赛事和演出：分享实时信息；展览和会议：有效资讯和服务；博物馆和景区：在线购票、定点讲解。

2. “漂流瓶”

除了“摇一摇”之外，还有一个可以利用的功能，那就是“漂流瓶”。“漂流瓶”的最大优点是能够将信息传达给他人，缺点是无法精准定位用户。运营者可以注册一堆微信号，然后在“漂流瓶”里写上自己的微信公众号，利用“漂流瓶”将自己的微信公众号推广出去。漂流瓶的数量有限，因此建议运营者每天都用掉，然后坚持不懈地执行下去。

3. H5 页面推广

H5 已经成为微信公众平台的营销新利器，很多运营者会通过 H5 制作出一些小游戏来吸引用户，最早的比较吸引人的 H5 小游戏要属《围住神经猫》了，这款游戏在朋友圈里引起了疯狂转载和讨论。国家图书馆微信公众号推出“比试一下！吟诗、夺奖！”，以国家图书馆形象创作诗词闯关 H5 游戏，获得大量转发和评论。

4. 软文广告

相信很多人都会在贴吧、QQ 空间、朋友圈看到过被转载的一些文章，这些文章大多数都是软文，而且传播率特别高。软文是由文案人员写出来的“文字广告”，文案人员将广告和文章内容情节融合在一起，不像硬性广告那么明显，消除了用户对广告的排斥性，吸引粉丝订阅关注。运营者可以在平时多搜集一些优质的软文，慢慢将自己的微信公众号渗入进去，很快便可以为自己引流到一批活跃的粉丝。软文引流具备两大特点：一是优质的软文能够被用户主动地传播；二是通常在软文中，商家的广告都隐藏得比较深。运营者除了可以在网上搜集之外，也可以进行原创，文采够好的话能够吸收大量的粉丝。

5. 邮箱推广

QQ 群有一个群发邮件的功能，运营者可以先建立一个群，然后通过群邮件的功能将微信公众平台上一些精彩的内容推送给大家，如果群成员觉得推送的内容很有趣，就会主动添加关注微信公众号。

6. 名片推广

名片是一种很好的宣传方法，微信公众平台的运营者可以将自己微信号的二维码印在名片上，然后在社交场所与他人交换名片，在结交朋友的同时获得一定的宣传推广机会。名片要设计得个性化一些，特别是公众号二维码的大小、位置以及颜色，要么简洁，要么新颖、引人注意。设计好名片后，运营者就可以在参加一些活动的时候，将自己的名片递给那些潜在客户，在递名片的时候顺带介绍自己的微信公众号，这样就能增加对方扫描加关注的概率。

第四节 图书馆微信公众号营销案例及分析

本节以国家图书馆为例，介绍图书馆微信公众号的营销方法并予以分析。

一、国家图书馆微信公众号建设概况及营销效果

国家图书馆自2014年开始建设微信服务，截至2020年12月底，一共有22个微信公众号。按照不同的服务类型，有包括订阅号“国家图书馆”在内的4个官方账号，“国图艺术中心”“中国古籍保护协会”“国图参考”等11个部门账号，“国图文创”“国图书店”“文津书院”等9个企业账号。这些微信公众号都有各自的特色内容、服务范围和固定粉丝，构成了国家图书馆的微信服务营销矩阵，为宣传推广国家图书馆发挥了重要作用。如表5-3所示。下面以官方微信账号为例，进行介绍。

表5-3 国家图书馆微信公众号统计表

序号	昵称	类型
1	国家图书馆	官方订阅号
2	国家图书馆	官方服务号
3	国家古籍保护中心	官方订阅号
4	国家典籍博物馆	官方订阅号
5	中国古籍保护协会	部门服务号
6	中国图书馆学会LCS	部门订阅号
7	国图艺术中心	部门订阅号
8	国家图书馆出版社	部门订阅号

续表

序号	昵称	类型
9	全国图书馆参考	部门订阅号
10	咨询协作网	部门服务号
11	国图参考	部门订阅号
12	文旅 e 家	部门订阅号
13	数字图书馆推广工程	部门订阅号
14	掌上国图	部门订阅号
15	国图文创	企业订阅号
16	文津书院	企业订阅号
17	北京北图文化发展中心	企业订阅号
18	北图票务	企业订阅号
19	国图文津琴社	企业订阅号
20	国图艺术培训中心	企业订阅号
21	文津百家	企业订阅号
22	国图书店	企业订阅号

“国家图书馆”（订阅号）于 2014 年 4 月 23 日正式开通，截至 2020 年 12 月底，粉丝数量 63 万余人。订阅号自开通以来，紧扣时代特点、把脉读者需求、整合资源服务，面向读者提供图书馆资讯、馆藏资源推广、数字阅读等内容，并集成书目查询、预约续借、在线咨询等特色功能。截至 2020 年 12 月底，文章阅读量超过 330 万次，产生阅读量 10 万次以上的文章一篇，阅读量 3 万次以上的文章多篇，逐渐成为国家图书馆对外宣传和读者服务的重要窗口。2019 年，“国家图书馆”（订阅号）获评第四届“大众喜爱的 50 个阅读微信公众号”。其菜单设计如图 5-5 所示。

2019 年的 1 月 31 日，国家图书馆正式开通了线上服务号，截至 2020 年 12 月底，粉丝数量 19 万余人。服务号主要以服务读者为建设宗旨，具备线上预约、线上书目检索、资源阅读、关键词回复、微信导览、国图海报、文津经典诵读等资源导读功能，共挂接电子图书 5 万余册，视频 5000 余条，音频 2000 条，期刊 600 种。提供二维码读者卡、小额支付等用户个性化服务以及资讯推送服务。图书馆开发的国图海报微信小程序，为广大读者提供自助定制并分享专属海报功能。服务号菜单设计如图 5-6 所示。

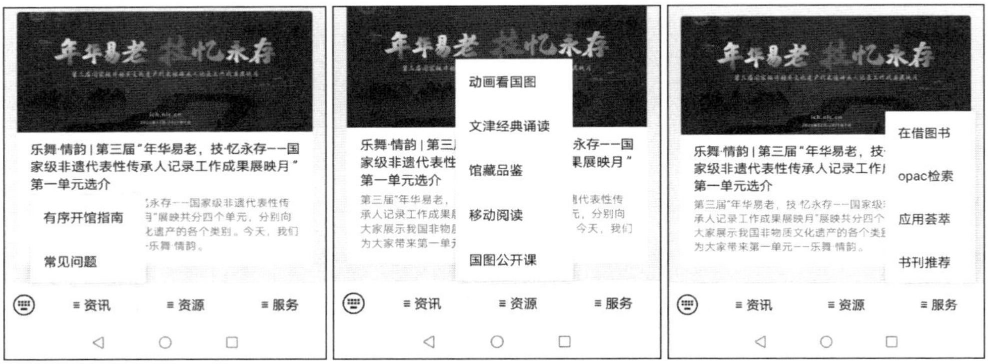

图 5-5 “国家图书馆”订阅号菜单设计

图 5-6 “国家图书馆服务号”菜单设计

“国家典籍博物馆”微信公众号于 2015 年 4 月正式上线开通，截至 2020 年 12 月底，粉丝数量将近 5 万人，主要内容以推送国家图书馆最新的展览、社会教育活动资讯、介绍重点展品为主，同时具有语音导览功能，主要宣传服务对象为关注展览的人群。其菜单设计如图 5-7 所示。

“国家古籍保护中心”微信公众号于 2016 年 6 月正式上线开通，截至 2020 年 12 月底，总用户数近 3 万人。自开通以来，“国家古籍保护中心”微信公众号累计发布图文消息约 1100 篇，主要内容以推送多媒体消息为主，包括新闻报道、小视频、图文内容等，成为集业界信息、古保知识和数据库为一体的便捷传播平台，已成为全国古籍保护事业的重要宣传窗口和业内交流阵地，在宣传古籍保护成果、服务社会公众等方面取得了较为突出的社会效益。爆款文章如 2019 年《7.2 万部古籍，网上免费阅览—国家图书馆等全国二十家单位联合在线发布古籍数字资源》，阅读量高达 6 万余次，点赞 700 余次；2020 年《大放送！33 家古籍资源汇集，网上免费阅览》阅读量亦达到 2.4 万余次，点赞 200 余次，取得了突出的宣传效果。网友评论如“太棒了！疫情期间，网上阅读，利国利民！”“对传播中华文化十分有益”等，亦体现出广大微信用户对“国家古籍保护中心”微信公众号内容的支持和肯定。其菜单设计如图 5-8 所示。

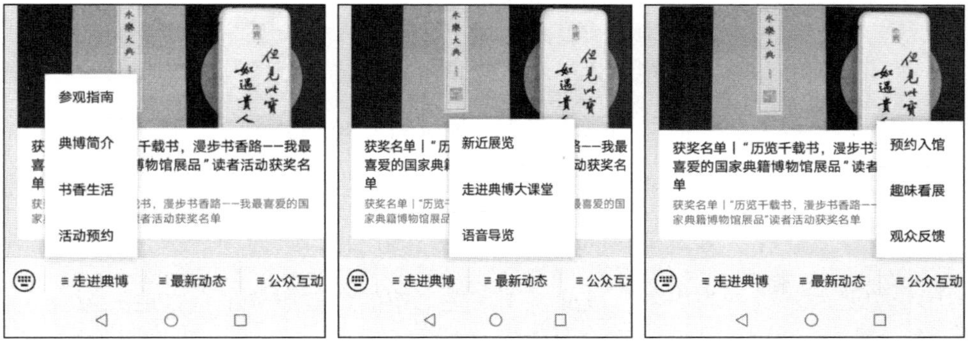

图 5-7　“国家典籍博物馆”菜单设计

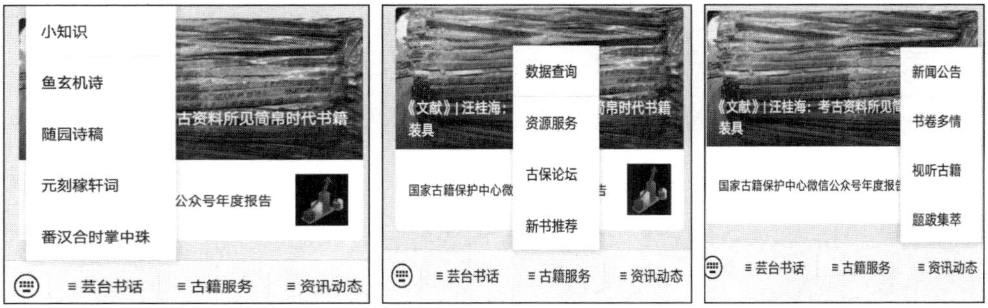

图 5-8　“国家古籍保护中心”菜单设计

二、国家图书馆官方微信营销推广方法分析

1. 建设微矩阵营销模式

在国家图书馆的 24 个微信平台中，涵盖了官方账号、部门账号和企业账号，形成了微矩阵的营销方式，国家图书馆的粉丝具有绝对的选择主动权，可根据自身对功能和服务的需要添加或取消微信公众号的关注，这样国家图书馆就可以通过微信对账号进行分类，为不同类型的账号提供不同服务，扩大服务覆盖面。

2. 准确定位用户需求，开展定向知识营销

有了知识服务需求，然后才产生了知识营销。知识服务与文献获取服务有很大的不同，后者是一种简单的物理需求，而前者是精神需求。图书馆对需求信息进行整理提炼之后，才能够进行产品构造。国家图书馆的微信服务平台尽量促使资源的呈现最优化，满足用户的多元化需求，为用户解决问题，让其能够获得更实用、更具新意的知识服务，以此将国家图书馆的微信服务平台打造成融合互动沟通、学术交流、知识传播于一体的综合服务平台。

例如，在新冠疫情防控期间，为了向广大公众持续提供国家图书馆的文化资源和服务，国家图书馆整合了数据库、展览、社教等多种资源，通过图文、视频、直播等方式在“国家图书馆”（订阅号）、“国家图书馆服务号”“国家典籍博物馆”等微信公众号上连续策划更新了多期优质线上服务内容，包括数据库推荐及使用指南、线上观展、国图公开课等各种资源，进行整理并进行系列推送，在微信公众号后台设置为合集，观众可通过扫码查看历史优质内容；518 博物馆日策划“国宝云旅”专题，通过“馆长说”“专家解读”“云游看展”系列

视频专题，为观众提供了一场居家也能欣赏的“云”盛宴；讲解服务、讲座等原来线下的服务由于疫情防控的原因都转移到了线上通过公众号来完成，增加线上展览语音导览内容，保持线上服务与线下服务持续联动；整合数字资源，对疫情防控、心理健康、身体保健等相关图书及音视频资源进行整合制作，编辑发布了“以书为伴 抗击疫情”“理性防疫 从‘心’开始”“好消息！主题书柜上线，静待花开疫散”等多条原创推文，引导读者通过阅读缓解心理和身体上的压力，通过阅读调养身心，抗击肺炎疫情。

3. 积极开展互助活动，加强用户粘性

有奖互动活动是增加粉丝和加强用户粘性的一种非常有效的方式。“国家图书馆”（订阅号）经常会不定期开展“行囊中的那本书”“图书馆新春锦鲤”等有奖互动活动。同时，对于收到的大量关于开馆时间、文献借阅、逾期费用、数据库使用等相关问题的咨询，运营人员通过扩充自动回复关键词库、提升人工回复频率、延长工作时间等方式，及时解答读者困惑，帮助读者解决在线服务使用过程中遇到的困难，支持读者服务工作有序进行。这些互动为提升用户粘性起到了重要作用。

4. 推出形式多样的 H5，提升营销效果

H5 是微信非常受欢迎的一个宣传形式，传播力度广，形式活泼，深受用户喜爱。国家图书馆制作推出了内容丰富，形式多样的 H5，开展了多媒体动画制作专项任务，创作推出漫画形象“图图”，做成系列文章在微信平台发布，取得良好的宣传效果。一是制作了“国图攻略”“见证沧桑岁月、迈向辉煌未来”“宝藏国图”“国家图书馆微信 5 岁啦”等原创 H5 动画，经微信平台发布后，获得了多个新媒体平台的转发，引发广泛关注，粉丝数量快速增长；二是利用“图图”

漫画形象，结合国家图书馆特色资源，进行阅读推广活动。例如："@所有人：图说"，以诗词谐音的形式呼吁大家居家读书。"一张漫画，纪念我们走过的15年"，以"图图"的形象带大家回顾文津图书奖15年历程。"比试一下！吟诗、夺奖！"，以"图图"形象创作诗词闯关H5游戏等；三是积极制作原创内容，丰富宣传形式。例如：开展"@所有人开卷有益，欢迎挑战"我爱阅读H5挑战赛；"宝藏惊艳！横屏穿越千年，那山、那水、那人……"H5线上展览等多篇原创推文，获得了广大粉丝的喜爱和肯定，提升了营销效果。

5. 积极利用小程序及二维码进行营销推广

在国家图书馆110周年馆庆期间，"国家图书馆服务号"推出"国图海报"微信小程序，将国家图书馆四大专藏和馆舍图片与寄语文字完美结合，生成一系列110周年馆庆专属海报，供读者制作及分享，成为微信朋友圈转发爆款。同时，利用各种活动契机，将国家图书馆微信二维码广泛运用在宣传册、网站、馆内公共空间等地，加强宣传推广，吸引粉丝关注。

第六章　图书馆视频营销

第一节　视频营销的概念、特点及模式

一、视频营销的概念

近年来，视频网站逐渐兴起，越来越多的网民选择通过网络来观看电视剧、电影等娱乐节目视听产品。由于网络视频也有着多元化的盈利模式，所以很多企业和个人也通过网络视频的方式开展营销活动。

视频营销就是以网络平台为载体，以视频为手段，注重内容和创意，通过具体策划来对产品进行一个互动性较强的呈现，以达到宣传目的。

二、视频营销的类型

1. 微电影营销

微电影是近年来非常流行的新的影像形式，影响力较大的莫过于筷子兄弟主演的《老男孩》，这部没有海报也没有票房的微电影，却引发了全民轰动、集体怀旧效应，可见微电影这种方式的威力。虽然理论界并没有对微电影进行一个明确的定义，但是一般都会将微电影定位为故事情节完整、制作水平高、时长较短的迷你版电影。相对于传统电影，微电影最大的区别就是片长，一般微电影的片长在 1 小时之内；相比一般视频，微电影最大的区别在于具有完整的故事，并且有更高的制作水准。

2. 短视频营销

CCTV 里面的电视广告、优酷视频前的贴片广告、papi 酱视频中的植入广告，这些都算短视频营销。电视广告很常见，其实每个电视广告都可以理解为一个短视频。通常来说，电视广告都是为了传达自己的品牌理念，除了电视广告以外，在室外广告、电梯广告中也都能找到短视频的影子。短视频营销，通过短视频的内容为运营者创造他想要的价值，通过渠道分发与用户建立并维持关系来获得回报。短视频营销其实就是获取流量，在各个渠道上面发视频增加曝光，让自己的用户看到。短视频营销的外表是短视频，核心是内容。

3. H5 营销

H5 营销主要就是在营销的过程中，运用计算机技术中的 H5 技术，制作文字、图片、视频、音乐等，展现在用户页面上，这种营销重点突出的是品牌核心，具有较强的互动性、可读性。

4. 直播营销

直播营销是通过直播的形式，根据现场事件、直播进程，来实时地进行节目制作和播放，这种营销都是在直播平台上进行的，主要是对企业品牌形象进行宣传，或者是直接进行产品销售。直播营销也可以有不同的形式，有的是将产品发布会和直播营销结合在一起，有的是在直播中厂家和消费者进行互动，还有将直播和访谈放在一起进行的。

三、视频营销的特征

1. 成本低廉

网络视频营销与传统的电视广告、冠名活动或者节目等方式相比成本较低，这是很多企业开始尝试做网络视频广告的一个重要原因。相比传统广告动辄几百万、上千万甚至几千万元的广告费用而言，视频营销则只需要几千元就可以，甚至只需要一个好的创意、几个员工，就可以做一个好的短片，免费放到视频网站上进行传播。另外，网络视频网站较多，选择性也更多，故而可以选择投入成本更低的网络平台。

2. 目标精准

目前，国内主流的视频网站播放流量每天至少都有一亿人次，而且视频更利于搜索引擎的优化，相同的关键词，视频往往会在搜索引擎结果中获得更好的排名。由于访客都有需求主动搜索的目标，因此视频营销针对的人群更为精准。此外，视频网站中有“群设置”，这是网络上有相同兴趣的网民的集合，令人感兴趣的内容更能吸引受众，相比传统营销的广撒网，视频营销面对的顾客人群更为精准。

3. 传播速度快且难以复制

网络视频营销可借助互联网的超链接特性快速地将信息传播出去。发布信息的速度快，网民们分享、转发网络视频也让网络视频传播的速度更快，有效地实现营销。同时，由于文章、图片可以被轻易地复制，但视频却很难被复制，像在视频上打开网站信息，并在操作时不间断地插入其他运营者的联系方式等行为，别的运营者就很难复制。

4. 互动性强

传统营销是单向的，缺乏互动性，而网络视频营销是双向的，具有互动性。视频网站都有评论、弹幕功能，受众可以在观看过程中或者观看后及时发布自己的感想和反馈信息。同时，互联网可以传输文字、声音、图片等多种媒体信息，这使得视频营销活动的互动性更强，因为有了较多的互动，运营者与受众才能更好地达到双向沟通。及时反馈以及便捷互动在很大程度上可以提升营销的效率，运营者可以根据受众的反应进行营销过程评估，进而及时进行调整营销计划，从而提升营销活动的效果。

5. 传播范围广

网络视频营销不仅可以实现即时互动，而且效率很高。与传统营销活动相比，网络视频营销表现出来的优势非常明显。由于网络的辐射空间极为广泛，其传播的范围远远大于传统视频，其辐射半径可以扩展至全球任何有网络的地方，跨越了物理空间的限制。

四、视频营销模式

1. 贴片广告

贴片广告是在视频的开头和结尾播放的广告，或者是在视频中穿插进来的广告。网民在网站上观看视频之前总会弹出 60 秒左右的广告，或者在播放的过程中会插播 30 秒左右的广告，而且这些广告是必须存在的，只有等广告播放结束后才可观看正片，或者注册开通会员后可享受取消播放广告的服务。这种视频营销中最为明显的广告，我们称为“硬广告”。这类贴片广告是广告的运营商和广告主合作的结果，尽管这种广告形式会受到广大网民的诟病，但是有调查显示，它能给观众带来深刻的记忆度，如果人们要接着观看正片必须等待广告结束，而人们面对传统的电视广告则会选择换台，所以电视广告的到达率要低于贴片广告的到达率。而且与传统广告相比，贴片广告没有那么强硬，广告的痕迹要隐蔽一些。利用视频中的人物形象、服装、道具、台词、情景等巧妙与企业（产品）相结合，将其编排成一段独立的视频或者融入其中成为内容的一部分，一起推送给网民，这种类型的贴片广告称为“植入式广告”。由于人们对广告有天生的抵触情绪，“植入式广告”以一种隐性的、人性化的方式将广告与内容相融合，能让观众在无意识中留下深刻的印象，其效果要优于“硬广告”，这种类型的贴片广告越来越受到市场的追捧。

2. 病毒视频营销

病毒视频是当今网络社会病毒的一种新形态，主要借助微博、视频博客、YouTube 等大型的视频网站、微信等网络平台在互联网上大面积传播。从内容上看，一般都十分诙谐幽默，除了一些精彩原创内容之外，还有为数众多的“改编”作品；从传播方式上看，有些是在某个契机偶然获得了大量关注和转载，这类视频较为草根，还有一些是经过商业包装引起观众的情感共鸣，从而得到大量的传播，这种一般是广告主精心策划和创作后的结果。病毒视频营销是将运营者传播信息用创意性的手段融入视频中，经过精心策划和包装后进行“病毒式”的传播，或者创造性地运用偶然性的病毒视频传播企事业信息，从而激发市场要求、产生运营者所希望的效果。

3. UGC 视频营销

UGC 是一种由用户来进行内容创作的营销方式，在这种营销模式下，短视频的内容是用户自己创作出来，上传到新媒体平台上，呈现给其他的网友，用户既可以是创作者，也可以是浏览者，具有演员和观众的双重身份。UGC 可以让用户充分地展现出自己的想象力和创造力，对于视频内容也可以自由发挥，并且用户之间是可以互相影响和带动的。国内很多平台都是采用这种模式，比如大家比较熟悉的优酷土豆。用户可以自己制作视频并且上传到平台上，分享给其他的网友，虽然用户会有自己的好友，但是更多的时候，是由共同爱好将用户们联系在一起。UGC 视频营销主要是网络用户自己创作或者加工制作视频上传，从而达到营销的目的。网络用户无论是原创 DV 爱好者还是网络视频观众，都可以成为内容的用户，同时，UGC 视频营销是一种低成本的方式，比起请专业摄影团队或者演员拍摄短片的高昂费用，UGC 视频营销能节约很大一部分成本，并且风险还比较低。

4. 互动视频营销

互动视频营销是单位或个人通过在同一网络视频环境下，组织多人在线以视频形式进行聊天、表演、教学等互动活动，从而达到单位或者个人的目标。这种营销模式让受众不再是被动的接受者，而是变成参与者与制造者，增强了受众与组织者之间的互动性，受众会参与拓展视频内容，甚至成为视频内容的一部分，从而带来更为完美的用户体验。

第二节　短视频的概念、特点及营销优势

从深受年轻潮人推崇的抖音到大面积覆盖三四线城市人群的快手，再到具有美颜效果的 faceu 等，简单轻巧却又多样化的短视频，已经成为一种效果最好、覆盖面最广的营销方式。

一、短视频的概念

短视频其实是以简短的视频内容为载体，将要表达的主题通过视频形式更形象地表现出来，其内容有的是自拍、自剪的原创视频，有的是基于现有视频资源进行剪辑整合输出的短视频，其主要特点是播放时间短，少则几秒几十秒，多则三五分钟，最多不过十分钟。短视频包含了大量的信息，而且这些信息元素趣味性强，能引发观众的共鸣。内容大咖们纷纷圈地短视频，其真正的目的就在于短视频背后可能会出现的一个全新的营销市场。

二、短视频的特点

1. 表现形式更具优势

不管是文字还是图片，都没有短视频的表现效果好，短视频的内容更能够吸引用户，表达力也更强，也更容易感染用户，一个好的短视频，可以将情绪、情感等进行更好地传递。

2. 对用户更具吸引力

虽然现在信息传递的媒介非常多，但是短视频所带来的效果，与对用户的吸引力是无法相比的。任何用户都不可能突破“一天二十四小时”的注意力上限，在分配时间的范围中，短视频的“蚕食”能力要远高于在微信上读一篇文章、在开车途中听一场相声。

3. 短视频符合受众的大脑接受和移动端使用习惯

相比纯文字的内容，人们看视频的时候，提取和消化信息的速度要快得多，而现在人们的生活节奏比较快，碎片化的时间比较多，短视频就可以见缝插针地满足人们休闲娱乐需求。

4. 节约时间成本

快节奏的生活方式下，人们的时间成本越来越高，而就短视频而言，因为其时间较短，更能满足、节约用户的时间成本的需求。互联网的信息时代促成了一个快速借力的时代，短、平、快已经成为这个时代的标签，所以短小精炼的视频更容易让人接受。

5. 海量的用户规模

到 2020 年，我国已经拥有超过八亿的短视频用户。随着新媒体的不断发展，短视频市场未来还会有更多的发展机会，更大的发展空间，短视频用户规模相应也会持续增长。

三、短视频营销的优势

1. 门槛更高

相对而言，视频制作是比较专业的一个工作，做视频需要好的编导、分镜、脚本、策划、摄像师、剪辑师、音乐师等，少则几人，多则几十人，这些专业的工作门槛略高。一旦把这个工作做好了，至少在内容营销方面，优势就可能超过别人很多。

2. 品牌更强

视频为产品品牌形象的建立和传递、产品的呈现等提供了更生动的表现形式，视频里面可以有人，可以有场景，还可以有情节，用户更愿意去观看，更容易产生印象。

3. 互动更多

视频的形式为用户带来了更多互动可能，用户可以自己拍视频，也可以模仿所看到的视频。

4. 渠道更广

短视频发布的平台本身就可以作为一种营销渠道。在平台内部，用户的点赞、转发和收藏等都是一种营销效果；而如果运营者将短视频转发到其他的平台，那么就相当于将营销范围扩大，会带来更大的流量。

四、短视频营销存在的误区

短视频营销不等于植入广告，短视频营销的爆发点基于内容的营销。不同于广告营销，内容营销是一种软营销，是将广告用内容来呈现，广告痕迹没有那么重，未来的广告基本上都会走这条路。而且基于短视频的内容营销也不是一蹴而就的，其必须是持续的内容输出与消费者影响，否则就成了基于短视频平台的广告投放。

五、短视频网络平台

1. 视频网站

视频网站上的运营者在发布视频的时候，多是通过广告分成来获得收益的，比如优酷土豆。也有哔哩哔哩这样的网站，虽然不能获得广告分成，但是可以通过打赏来获得收益。

2. 推荐类客户端

百家号、网易号、今日头条等都属于这种类型。相对来说，今日头条的覆盖面更广，用户在该平台上发表文章、视频等，能够获得的收益也更多，除了流量、广告，还有打赏等。

3. 短视频客户端

短视频类 App 有抖音、快手、微视、美拍、暴风短视频，以及头条旗下的火山小视频等，主要目的是让大家分享生活中的原创小视频，制作者可以通过上传视频来获得收益，也可以通过直播来获得收益。短视频平台大部分比较大众化，贴近生活，人们通过这类平台来让自己生活中的各种好奇心得到满足。

4. 社交平台

大家常用的 QQ、微信、微博等都是很好的社交平台，都支持小视频发送。对于一般的视频营销而言，我们在上传视频的时候，可以多考虑包括优酷、腾讯等在内的第一类大型视频网站，或者现在发展较好的百度视频、QQ 播客等第二类视频网站。另外，现在比较热门的抖音、快手等也是不错的选择。当然，如果目标用户有国外客户的话，还需将 YouTube、HULU 等全球性的大型视频网站考虑进去。

第三节　图书馆短视频营销技巧

一、短视频营销内容

对于图书馆而言，“内容为王”这句话对短视频营销非常适用。持续的优质的内容输出是图书馆短视频吸引用户的根本动力。优质内容一般具有几个特征：有情、有趣、有用、有品。

1. 有情

有情就是要从情感方面打动用户，让用户能够产生情感共鸣。腾讯、百事可乐每年的春节广告，都非常注重这一点，效果也都非常好。

2. 有趣

有趣的内容往往让人印象深刻，并会形成自发的传播。比如 papi 酱的短视频就因其诙谐幽默的风格在众多短视频中脱颖而出。

3. 有用

价值感很重要，用户获取资讯也是觉得内容对自己有价值。比如《吴晓波频道》的观众是为了获取知识，《日食记》用户可以学会做菜，并且更好地生活。

4. 有品

品质是对短视频质量的要求，这方面越来越多专业团队的加入，使得质量也越来越好。

二、短视频营销操作模式

1. 短视频加广告

在短视频中加入文字、图片等广告内容，视频的片头片尾均是广告。

2. 短视频做内容营销

不同于广告营销，内容营销更加的婉转隐性，是将广告用内容来呈现，未来的广告基本上都会走这条路。

3. 短视频做活动营销

很多单位都做过类似的活动，比如有奖视频大赛，用 30 秒视频来说明活动内容，鼓励参加的用户制作原创视频。

4. 拍摄答疑型知识短片

通过答疑型的知识短片，用户对平台会有深入了解并产生信任。

5. 拍摄馆藏资源或文创产品介绍视频

在拍摄馆藏资源以及文创产品的时候，应该搭配讲解，背景音乐要与视频所呈现的内容和主题相符，让用户对视频内容产生感触，激发购买意愿。

三、短视频营销的技巧

1. 诉求清晰

制作短视频前，先要弄清楚：制作法视频是为了传播图书馆品牌还是实现文创产品转化，如果是后者，那么一次营销是不够的，需要坚持进行长期视频营销。如果是前者，那么一次好的视频营销，也可以达到预期的效果，因为品牌宣传只是为了让用户对品牌有基本的印象，而要让用户购买产品，就需要让用户对产品有深入的了解，此时就需要持续营销。

2. 内容策划

在内容的设计上，要注意创新，要用不同的方式、不同的角度来对产品进行呈现，而且形式也应该是多样化的，要尽量地尝试多种不同的表现形式，这样才能够做到对产品内容的不同呈现。任何形式、任何内容，都要有特点、有创新。

3. 文创产品广告植入一定要巧妙

视频中的广告都是很容易引起用户反感的，如果视频内容中有很明显的广告，除非视频内容具有较大价值，否则其效果就会下降。不过不同用户对内容价值的判断是不一样的，所以没有办法保证视频绝对具有高价值。这种情况下，植入广告就要巧妙。

4. 视频长度

视频长度需控制在 5 分钟以内，注意节奏便于传播和无 Wi-Fi 的情况下打开。如果视频在五分钟之内，那么用户可能会愿意用流量观看，但是如果超过了五分钟，用户很有可能就会放弃观看，大部分的用户都可以接受用流量看两三分钟的视频。另外，短视频的节奏一定要快，最好密集。时间太长容易让观众分心走神，导致根本看不到最后。既然视频都没看完，又怎么可能会继续分享呢？

5. 注意视频发布的时间

周六上午是比较好的时间，尤其是十点左右，当然，在有大事件发生的时候除外。这个时间用户大多都会在家里，会用家里的无线网络刷微博、抖音等，所以更容易看到视频。

6. 标题和封面

视频发布的有效性取决于其标题以及封面。每个人每天接触到的信息量过多，用户在看到视频封面和标题的几秒钟之内，就会决定自己是否观看这个视频，所以标题和封面都非常关键，要有吸引力，言简意赅。

第四节　直播营销的概念、特点及优势

一、直播营销的概念

互联网的发展促进了直播平台的出现。2016 年，我国就已经有了三百多家直播平台，两亿多的用户。用户下载直播软件到手机，利用手机自带的摄像头来录制视频，进行实时直播，而其他网友则通过直播平台来观看。

以直播为主要形式，在直播的过程中进行产品的销售，这种行为就是直播营销。基于互联网的直播营销，通常包括场景、人物、产品、创意四大要素。第一是场景，需要用直播搭建场景，让受众仿佛置身其中；第二是人物，主播或嘉宾

是直播的主角，其定位需要与目标受众相匹配，并友好地引导受众互动、转发或购买；第三是产品，产品需要巧妙地植入主持人、道具、互动之中，从而达到营销广告软性植入直播之中的目的；第四是创意，受众对于常规的“歌舞晚会”“朗诵直播”等已经审美疲劳，新鲜的户外直播、互动提问、明星访谈等都可以为直播加分。

二、直播营销的主要特点

1. 即时事件

由于直播完全与事件的发生、发展进程同步，因此可以第一时间反映现场状态。无论晚会节目的最新投票、体育比赛的最新比分，还是新闻资讯的最新进展，都可以直接呈现。

2. 常用媒介收听或观看

直播通常无需专门购买昂贵的设备，使用电视机、计算机、收音机等常用设备即可了解事件的最新进展。也正是这一点，受众之间的相互推荐变得更加方便，从而更有利于直播的传播。

3. 直达受众

与录播节目相比，直播节目不会做过多的剪辑与后期加工，所有现场情况直接传达给受众。因此，直播节目的制作方或主办方需要花更多的精力去策划直播流程并筹备软、硬件，否则一旦出现失误，将直接呈现在受众面前，从而影响制作方或主办方的品牌形象。

三、主流直播平台

每个直播平台都有自己的主打内容，按照这一点来对直播平台进行划分，可以分成不同的类别，有的是综合类的，有的是体育类的，有的是游戏类的。但是大部分的直播平台，都不会只局限于一个类别，一般都是多维度的。具体可见图 6-1。

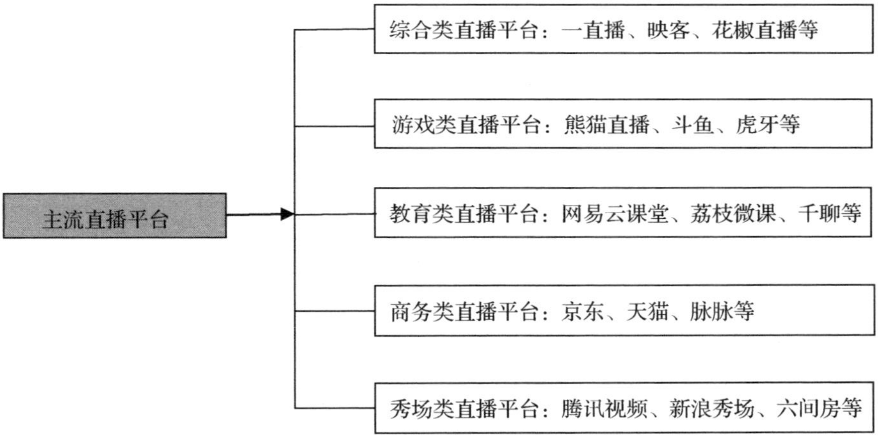

图 6-1　主流直播平台

四、直播营销的优势

1. 更低的营销成本

相对于其他的营销方式而言，直播营销的成本更低，对场地等方面的要求不高。

2. 更快捷的营销覆盖

如果是用文字或者是图片的方式来向受众展现商品，那么受众需要自己在脑海中构建一些场景，搭配文字参数来共同形成一个对产品的认知。但是在直播过程中受众通过看主播的演示，就能够产生较强的代入感。

3. 更直接的销售效果

受众在观看视频的时候会产生一些冲动行为，比如，他们会因为别人的下单行为而产生购买的冲动。所以在进行直播营销的时候，可以充分发挥主播的影响力，让主播对于促销政策、优惠政策进行多次讲解，对下单页面进行优化，以促进销售。

4. 更有效的营销反馈

直播是一种互动式的营销，主播通过直播的方式来进行营销，而观众则通过弹幕的方式来参与讨论。在这个互动的过程中，直播方可以搜集用户的反馈信息，使用过该产品的用户可以将自己的信息反馈给其他的用户或者是主播。

第五节　图书馆直播营销实操及技巧

从整体来看，直播营销包括直播前的策划与筹备、直播中的执行与把控、直播后的传播与发酵三大模块。这三大模块只是直播营销的整体思路，在细节层面每个模块又可以继续拆分与细化。直播活动的执行需要将执行环节紧扣营销目的，同时营销目的需要围绕效果预期来设定，具体的执行模型如图 6-2 所示。

直播活动的执行，就是将图书馆营销目的友好地植入开场、过程、收尾三大环节，从而达到预期效果。

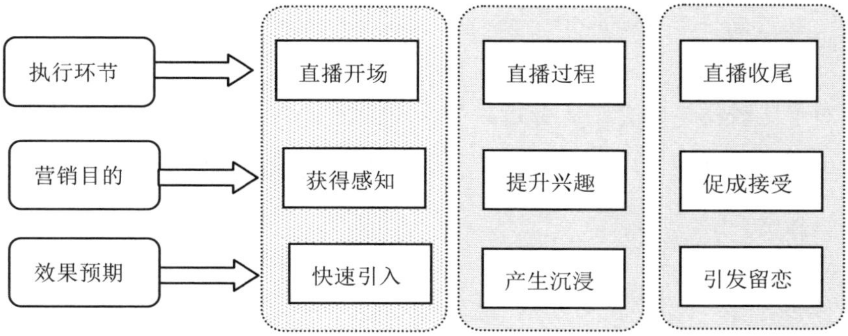

图 6-2　直播营销具体的执行模型

一、直播活动的开场形式

1. 直白介绍

在直播开场时，直接告诉观众直播相关信息，包括主持人自我介绍、主办方简介、直播话题介绍、直播大约时长、本次直播流程等。一些吸引人的环节（如抽奖、彩蛋、发红包等）也可以在开场中提前介绍，促进观众留存。

2. 提出问题

开场提问是在一开始就会促进观众参与感的好方法。一方面，开场提问可以引导观众思考与直播相关的问题；另一方面，开场提问也可以让主播更快地了解本次观众的基本情况，如观众所处地区、爱好等。

3. 抛出数据

数据是最有说服力的。直播主持人可以将本次直播要素中的关键数据事先提炼出来，在开场时直接展示给观众，用数据说话。特别是专业性较强的直播活动，可以充分利用数据开场，第一时间让观众信服。

4. 故事开场

相对于比较枯燥的介绍、分析，故事更容易让不同年龄段、不同教育层次的观众产生兴趣。利用一个开场故事，带着观众进入直播场景，这样能更好地开展接下来的环节。

5. 道具开场

主持人可以借助道具来辅助开场。开场道具包括图书馆文创产品、吉祥物、热门卡通人物、旗帜与标语、场景工具等。其中场景工具可根据直播内容而定，如知识分享直播，可借助书籍作为场景工具；户外运动直播，可以加入足球、篮球等作为道具。

6. 借助热点

一般来说，观众对于互联网上的热门事件和热门词汇都有所了解。主持人可借助热点拉近与观众之间的心理距离。

二、直播互动的玩法

常见的直播互动包括弹幕互动、剧情参与、直播红包、发起任务、礼物打赏。

1. 弹幕互动

弹幕就是出现在直播间上方的一些内容，一般都是观众的评论，看直播的观众都可以看到这些弹幕的内容。目前，直播弹幕主要包括两类：第一类是观众相互之间的评论，如“支持刚才这个朋友说的”“给刚才这条弹幕点赞”等，主播对这类弹幕无需处理。第二类是观众与主播之间的互动，如“能介绍一下台上坐着什么人吗”“一会该抽奖了吧，主播”等，这类弹幕需要主播与其及时互动，幽默地回应观众提出的质疑，或详细地帮助观众解答相关问题。

2. 剧情参与

此类互动多见于户外直播，主播可以邀请观众一起参与策划直播下一步的进展方式，增强观众的参与感。邀请观众参与剧情发展，一方面，可以使观众充分发挥创意，令直播更有趣；另一方面，可以让谏言者获得更多的尊荣感。

3. 直播红包

直播间观众可以为主播或主办方赠送“跑车”“游艇”等虚拟礼物，表示对其认可与喜爱。主播也可以利用第三方平台发红包或等价礼品，与观众互动。直播红包发放步骤分为：第一步，约定时间。主播告诉观众“5 分钟后我们会发红包”，通知在场观众抢红包时间，也暗示观众邀请朋友加入直播等待红包，促进直播人气。第二步，平台说明。除直播平台本身发红包外，主播可以选择支付宝、微信、微博等平台抢红包，提前告知观众。这样可以为站外平台引流，便于直播结束后的效果发酵。第三步，红包发放。到约定时间后，主播或其他工作人员在相应平台发红包。在红包发放前，主播可以倒计时，让“抢”红包更有氛围感。

4. 发起任务

在直播中可以发起的任务包括：第一种，建群快闪。邀请观众共同进入一个 QQ 群，直播结束后此群解散。第二种，占领留言区。邀请观众共同在某论坛的帖子下方或微信公众号评论区留言。第三种，晒出同步动作。号召观众一起做出相同的动作，随后大家分别晒在社交网站等。

5. 礼物打赏

在很多直播平台上，“打赏”都是非常常见的行为，对于观众的打赏，主播也合理对待。只顾着自己说话或与观众聊天，对打赏无动于衷的主播，会被观众打上“没礼貌”“不懂规矩”的标签。

三、直播收尾的核心思路

直播结束后，需要解决的最核心问题是流量问题，无论现场观众是十万人还是百万人，一旦直播结束，观众马上散去，流量随之清空。为了利用直播现场的流量，在直播结束时的核心思想就是将直播间的流量引向自媒体平台、销售平台和粉丝平台三个方向。

1. 引导关注

流量引导至图书馆自媒体平台，从收尾表现上看即引导观众关注图书馆自媒体账号。在直播结束时，主播可将图书馆的自媒体账号及关注方式告诉观众，以便直播后继续向观众传达图书馆信息。

2. 销售转化

将流量引导至销售平台，从收尾表现上看即引导观众进入图书馆官方网址或文创品网店，促进购买与转化。通常留在直播间直到结束的观众，对直播都比较感兴趣。主播可以充当售前顾问的角色，在结尾时引导这部分观众购买产品。

3. 邀请报名

流量引导至粉丝平台，从收尾表现上看即告知粉丝平台加入方式，邀请报名。在同一场直播中积极互动的观众，通常比其他观众更“同频”，更容易与主播或主办方“玩”起来，也更容易参加后续的直播活动。因此，此类观众在直播收尾时被邀请入群，通过运营该群，直播方将直播观众转化成忠实粉丝。

四、直播营销的复盘

为了持续提升营销效果，营销活动结束后通常需要复盘，总结经验教训并作为下一次营销活动的参考。对于超预期的直播活动，图书馆新媒体团队需要分析各环节的经验，将有效的经验应用于下一次直播；对于未达到预期的直播活动，需要总结失误之处，思考改善方式，避免反复出现相同或类似的失误。

直播营销复盘的核心包括数据分析与经验总结两部分。

1. 数据分析

对一场直播活动进行复盘，首先需要从数据层面进行分析。直播数据分析包括品牌口碑数据、目标观众比例、销售情况数据。直播目的分析包括产品、观众、目标三个方面，数据分析主要是将直播结束后的数据与直播开始前的目的进行分别比较。

（1）将品牌口碑数据与直播目的中的产品进行比对，看直播是否有效地传递了图书馆理念，让观众对图书馆文创产品感兴趣，对产品优势有了解。可以利用百度指数、新浪微指数、微信指数、头条热度指数、大众点评星级、相关问答数量等数据，检验直播对于图书馆品牌与口碑的效果。

（2）把目标用户比例与直播目的中的用户进行比对，看直播是否精准地覆盖用户，吸引目标用户进入直播间。直播营销目的中，直播间观众不是越多越好，而是精准观众越多越好。只追求观众数量而不追求精准率的直播，很有可能“叫好不叫座”，收获了大量人气但是没有收获销量或提升品牌。可通过自媒体互动数据分析、页面浏览数据分析、问卷抽查数据分析等三类方法，综合计算直播渠道数据并分析渠道推广效果。

（3）将效果数据与直播目的中的目标进行比对，看直播是否实现了新品销售目标、店铺利润目标或软件下载目标等。直播转化情况根据行业特点及营销目标而定，可以是销售数据、咨询数量、下载数量等。

2. 经验总结

数据只能体现直播的客观效果，而流程设置、团队协作、主播台词等主观层面无法用数据获取，需要图书馆新媒体团队通过自我总结、团队讨论等方式进行总结，并将总结结果记录，按照“经验、教训、问题、方法”归类整理成经验手册，便于后续直播营销参考。

五、直播风险防范

直播是一种比较特殊的呈现方式，是没有彩排，也没有后期剪辑的，所以在直播的过程中，有可能会出现一些计划外的事情。那么在直播之前，就需要考虑到这些问题，并且制定应对方案，否则不仅不能发挥出营销的作用，还有可能破坏现有形象。

1. 环节设置

策划线下活动，主办方必须对活动各环节进行模拟与彩排，防止由于环节设置不公平而发生异议；避免现场观众领奖时发生拥挤与踩踏等事件。策划网络直播活动时，要对环节设置反复推演，尤其是“转发抽奖”“扫码领红包”时防止被恶意领走，引发弹幕争议。

2. 软硬件测试

为了不影响直播，在直播开始之前，就需要对软硬件进行反复的检测、试用，熟悉各种操作对程序，同时也要提前做好服务器访问量过大的准备，避免观众太多影响服务器运行。

3. 直播内容审核

图书馆媒体运营人员必须对主持人或嘉宾的直播词进行严格审核，防止出现意识形态相关方面的内容，以免影响图书馆口碑。

4. 弹幕监控

现在很多媒体平台在直播间里面，都是有弹幕功能的，观众可以通过弹幕来发表意见看法，与主播进行互动。为了避免弹幕中出现负面内容，应该安排专业人员来对弹幕内容进行监管，如果出现了低俗消极内容，就要及时删除，如果有涉及侵权违规的，则要截图依法处理。

5. 侵权检查

为了能够让直播间有一个好的环境，通常在直播之前，主播会进行场景布置，直播方应该对所布置的装饰品等进行检查，避免因工作失误引起的侵权纠纷。

6. 平台资质

任何平台都需要获得相应的资质，才能够开办视听节目，开通直播频道，所以图书馆在进行直播之前，需要对所有的直播平台的资质进行了解。

第六节　图书馆视频营销案例及分析

本节以国家图书馆为例，介绍图书馆视频营销的成功营销案例，并予以分析。

一、国家图书馆视频营销概况

国家图书馆视频营销包括电影、短视频、直播等多种方式。电影是指由国家图书馆历时多年制作完成的纪录片《口述国图》，该片以多位图书馆人口述的形式展现了国家图书馆的发展历史。该纪录片在 2019 年底上映，是我国第一部以口述史的形式记录和展现我国图书馆事业发展的影片。

2019 年 4 月中旬，国家图书馆在抖音上开通账号。截至 2020 年 12 月底，粉丝 4.3 万人，获赞 5.1 万次，发布短视频作品 97 个，开展直播 10 余场。短视频作品内容涵盖了国家图书馆文化讲座、大型活动、精彩展览、文创作品等多种类型，其中《中华传统文化百部经典》系列、《我与国图的故事》系列、馆藏《百子图》《四方风》等短视频，受到了观众的肯定与喜爱。

二、国家图书馆视频营销效果及分析

1. 打造品牌，精良制作，推出图书馆文化宣传影片

国家图书馆于 2003 年启动老馆员口述史访谈工作，十多年来，共有 47 位老

馆员及其亲属接受口述访问，积累了 200 余小时、105 万字的口述资料。以这些珍贵的影音文献资料为基础，国家图书馆精心制作推出首部展现图书馆事业发展的纪录片《口述国图》。全片共分为“情系国图”“缘起文津街”“善本保卫记”“馆藏的故事”“为读者服务”“艰难中的前行”“新馆的诞生”“站在世界舞台上”“走向现代化”“重返柏林寺”和“馆员心声”等 11 部分。影片全面记录了几代国图人在面对不同历史机遇与挑战时担负的使命和做出的选择；表现了在民族和国家奋斗复兴的恢弘历史画卷中，图书馆人平凡而伟大的坚守和始终秉持的赤子之心。在 2019 年国家图书馆读书周期间，《口述国图》面向观众进行了两场点映。影片生动地讲述国家图书馆的人与事，那些默默无闻的文明守望者的形象展现于屏幕之上，获得了公众的支持与肯定，在每一位观众心中留下了深刻印象，为大家深入了解图书馆、亲近图书馆、走进图书馆发挥了积极作用。因为良好的社会反响和广大观众的肯定，《口述国图》荣获 2020 年“中国十大纪录片推动者”奖项。如图 6-3 所示。

图 6-3　《口述国图》宣传海报及获奖证书

2. 借助明星，联动业界，推出爆款短视频

国家图书馆在宣传推广方面，也充分地利用了新媒体的力量，在 2019 年的世界读书日，在抖音平台上发起活动，鼓励网友发布自己的阅读小视频，在网络上掀起阅读热潮。国家图书馆精选了老、中、青 5 位馆员代表拍摄荐书短视频，同时还邀请多名不同领域、不同号召力的明星来参与互动，用拍摄的读书推荐短视频给广大读者做示范，号召全国图书馆和全网用户参与抖音平台的阅读接力活动；同时发起“图书馆打卡”活动，公众拍摄当地图书馆场景或情境进行发布，通过关注度评选出最受欢迎图书馆。国家图书馆通过新浪微博、微信公众号、H5 专题、海报、传统媒体等多种渠道进行线上线下联合宣传，全方位提升抖音号的宣传力度和推广效果。本次活动得到了多家省级、地市级图书馆及用户的支持，收到了大量优秀作品。上线 8 天，国图抖音号累计访问量超过百万。通过本次活动，粉丝增长 3.1 万人，访问总量 233 万次，其中访问量超过 10 万的作品 9 个，如图 6-4 所示。

2020 年第 25 个世界读书日期间，国家图书馆联合全国数百家图书馆发起“#全民 dou 阅读#”话题活动，通过“短视频+话题”的方式与公众分享馆藏珍品，经典好书，探寻图书馆背后的故事。截至 2020 年 12 月底，该话题累计播放 19.8 亿次，成为抖音阅读类第一话题，持续传播阅读力量，取得了良好的社会反响，如图 6-5 所示。2020 年，国家图书馆官方抖音号被评为“2020 年政务抖音号优秀创作者”，如图 6-6 所示。

图 6-4　荐书视频宣传海报

图 6-5 “#全民 dou 阅读#”话题

图 6-6 奖项证书

3. 开展直播营销，与短视频形式共生互补

2020 年 7 月下旬进入高考志愿填报时期，国家图书馆在抖音推出首场直播，名为你揭秘“不一样的图书馆”，并且由国内知名高校的教授、图书馆的专家来为大家介绍图书馆，对相关专业进行推介，帮助考生了解图书馆行业情况，为考生填报志愿提供参谋建议，直播观看人数突破 1.5 万人次，取得了良好营销效果，如图 6-7 所示。此后，又推出了“2020 年中华传统晒书活动”“书山有路系列直播”“古籍修复技艺成果展”等多场访谈系列直播。同时，推出了短视频知识合集栏目，如传承非遗文化的“百草园里识百草”，邀请科普达人李永乐老师讲解“阅览室的视听科技”“国图公开课—读书推荐”等短视频。通过系列活动，短视频访问量增长 78 万，直播累计观看 4.5 万人次。

图 6-7　为你揭秘“不一样的图书馆”宣传海报

第七章　新媒体时代图书馆危机公关策略

第一节　新媒体舆论的概念与特点

一、新媒体舆论的概念

随着互联网的不断发展，新媒体时代的到来对人们的生活、社会的发展等方面都带来了深远的影响，无论是国家政治、经济、社会的发展，还是人们的工作、学习和生活，都已经被新媒体渗透。通过各种新媒体渠道发表的对社会事件、公共问题等言论，都属于新媒体舆论。

从舆论类型上，新媒体舆论可以分为两类，一种是信息类的，一种是观点类的。新媒体工具让信息的传递更加快速，所以新媒体可以及时快速地报道各种突发事件，能够在网上迅速地传递信息，吸引网友发表意见，交流信息，引起共鸣，形成一个主导性意见，在网上迅速形成舆论，这是典型的信息类型舆论。观点类型的舆论一旦形成，在舆论目的没有实现之前，网民不会改变原来的观点，舆论往往短期难以消除，它总会在新闻跟帖、论坛或者博客上出现。互联网是具有开放性的，所以即便网友们不在同一个地方，但是如果就某一个问题有相同的观点，那么他们也可以快速地交换意见和看法，并且促进舆论的形成。新媒体舆论既可能“兴”“衰”迅速，也可能长期持续。

二、新媒体舆论的特性

1. 丰富性与多元性

新媒体舆论的内容非常丰富，涉及面非常广，而且由于网络是虚拟的、开放的，所以网络上的信息也是各种各样的，有不同的表现形式，代表不同的利益诉求，传递的价值也是不一样的。

新媒体时代，随着网络技术不断的发展，网络上的信息传递已经没有了时间、地域等方面的限制，各种各样的新媒体工具，为人们提供了不同的信息传递方式和渠道，微博、论坛等都成为人们发表言论的主要平台，各种各样的话题包罗万象，有的高雅，有的低俗，有的积极，有的消极。通过媒体平台，网友可以在第一时间获取新闻资讯，了解社会热点，关注突发事件，这就为舆论的产生提供了丰富的“议题”，同时网络又是自由的互动交流平台，使得新媒体舆论的内容五花八门、异常丰富。

2. 开放、自由与互动性

人类都是社会群居动物，自身的行为是会受到所在群体的影响的。所以在现实社会中，人们可能不会表达自己的真实想法，不会展现出自己真实的一面。但是网络是虚拟的，人们在网上可以用虚拟的身份来说话，很多人都会从中感到安全，有了这样的一个安全的面具，人们在网上更容易表达自己的想法。新媒体舆论是由不同地方、不同身份的网友言论共同形成的，大家借助匿名身份来发表意见，让新媒体舆论更加的自由开放。新媒体具有即时互动性，其舆论传播过程得以延续。新媒体舆论的传播者和受众是可以进行角色互换的，没有谁拥有绝对控制权，网友可以自由发布信息，其舆论主体的作用在放大。

3. 速成性

新媒体舆论的迅速形成得益于新媒体传播的优势。互联网打破了时间和空间的界限，新媒体舆论的速成性主要表现在新媒体舆论形成时间的缩短与空间的缩小。传统媒体时代，信息需要经过印刷等“加工”环节才能够传播，但是新媒体时代这些都不需要了，社会舆论的形成和传播时间更短。由于新媒体传播的优势，信息发布速度快，并且能够借助新媒体进行快速传播。网络的话题、帖子等，在被网友关注之后，其传播的速度和广度是难以想象的。

互动性也是新媒体的一个特点，网友们可以就自己所看到的帖子、话题等发表意见，参与讨论。在这个互动的过程中，新闻事件就能够迅速成为舆论焦点。新媒体为网民提供了相互交流的平台，消除了传统媒体中在信息的传递和反馈过程中存在的滞后问题，使各种意见能在短时间内迅速聚集，并得到整合，进而形成舆论。

新媒体舆论容易“一边倒”。在很多案例中，多数网民的认识和看法普遍简单直接，不深刻不全面，带有很强的群体盲从性，出现“一边倒”态势。对于网民普遍关注的问题，如敏感的国际关系问题、社会阴暗面、腐败案件和负面的突发事件等，主流言论反而容易被忽视，而偏激的言论却快速传播，出现舆论“一边倒”或“关键时刻的雪崩现象”，从而导致网民意见的“高度集中”。互联网的开放性让人们的参与度更高，任何网友都可以参与话题讨论，都可以发表意见。比如在论坛里面，每一个网友都可以发言、回帖。

4. 匿名性

互联网是具有虚拟性的，所以大家无论从事什么工作，有着什么样的身份，都可以在网上获取信息、传递信息、发表言论。人们在现实生活中，需要遵守社会规则，言论都会受到一定的约束，但是在网上，由于大家是可以用虚拟身份来发表意见和看法的。正因为新媒体的虚拟性，新媒体舆论的主体呈现出一种隐匿状态。因此大家匿名发表意见的时候，可以更加的无所顾忌，这样可以表达出内心真实的想法，同时这也让新媒体舆论的主体规模在不断的扩大，在不会受到外界因素干扰的情况下，很多人都可以借助新媒体来充分的发言，大家都可以表达出自己的心声。但是，也会有人趁机发表一些不负责任的言论，这些言论有可能是虚假的、恶意的，这就导致了新媒体舆论质量难以管控，监管难以实现。

5. 非理性和理性因素并存

越来越多的人开始借助新媒体发表自己的看法，所以新媒体也成为一种主流媒体，甚至为政府执政带来了重要参考。在不需要表露自己真实身份、可以畅所欲言的情况下，有些人会通过新媒体来表达个人情绪，由此就产生了情绪型的舆论。这种舆论包括政治情绪型、社会情绪型、文化情绪型和生活情绪型等。

新媒体情绪型舆论在网上出现，有助于党和政府了解真实民意，新媒体正在日益成为公共民主生活的“推进器”。不过有些情绪是不理智的、片面的、消极的。新媒体的匿名性和互动性加剧了新媒体舆论在感性上的膨胀和理性上的匮乏，使新媒体舆论呈现出一定的盲目、冲动、偏激、缺乏理智等特点。

有些不理智的新媒体舆论会直接导致现实中矛盾的产生。比如，地球上有不同的区域，每个区域都有可能会有自己的伦理准则，而网络是没有地域限制的，所以任何信息都可以通过网络在全世界传递，这样就会产生伦理准则方面的矛盾和冲突。在新媒体时代，地域限制越来越模糊，原本在现实中，由各个国家、各个地区来进行管理约束的行为，到网络上就很难进行违法界定和管理了，冲突和矛盾也就由此产生。比如，现实中的违法行为，由行为人或者是行为发生地所对应的管辖主体来进行处罚管理，但是在网上，这个管辖主体是很难界定的。在很多案例中，新媒体舆论具有“群体化”倾向。一方面，群体中非理性特点在网民中十分严重；另一方面，新媒体下聚集的群体极易导致群体认同的问题。通过说服的机制，网民会向讨论时的倾向性结果靠拢。这一特点很容易导致言说者态度偏激，话语权的争夺在一定程度上走向“语不惊人死不休”的极端。

6. 难控性

在新媒体时代，想要控制舆论，其难度是非常大的。在传统媒体时代，政府可以通过制定法律、颁布政策的方式，对舆论进行控制，对舆论传播的内容、方式和渠道进行管控，法规政策就成为最好的“把关人”，这样也就不会出现舆论失控的情况。不过在新媒体时代，网络具有开放性的特点，网友都有发言权，信息的传递更加的快速和广泛，在这样的情况下，政府不可能对每一个网络上的言论进行管控审批。网络具有虚拟性的特点，所以在网上匿名发帖是很容易也很常见的事情。新媒体舆论本身就具有难控性的特点，也正是因为如此，新媒体舆论才有复杂、丰富、冲突以及多元等特点。

新媒体舆论的调控难度表现在：

（1）网站并不能够完全地掌握舆论主导，其掌握程度会受到话题讨论度、参与讨论的人数等方面的影响。

（2）新媒体本身是开放的，那么网友就有很多的渠道和方法来发表言论，就算是网站，也没有办法对所有发表在网站上的言论进行逐一审核、评价和管控。

（3）新媒体舆论非常复杂，网友可以在网上尽情地发表自己的看法和观点，所以大部分的新媒体舆论都是自发的，主要表现就是随意、混乱。

（4）新媒体舆论往往都是多元化的，本来世界上的政治、社会、文化形态就是多元化的，而且也有一定的对立性，在新媒体时代，地域屏障已不复存在，网络可以让信息的传递不受地域限制。

7. 容易被人操纵

由于“网络水军”的存在，新媒体舆论呈现出容易被人操纵的特点。有些公关公司在处理网络舆情事件的时候，会请专门的“网络水军”来为其发帖、评论等，从而在网络上形成一种风向，而这种风向是公关公司想要的，却不一定是真实的。比较常见的是，在电影或者是电视剧的宣传期，就会有很多的网络文章、帖子，对这个电影或者是电视剧进行评价，这些都是“网络水军”发出来的；有的时候，网上也会有一些对某个明星的攻击或者是赞美，这些也是“网络水军”的“杰作”。而幕后操控者可能是电视台、制片方的竞争对手，但也不排除制片方的自我炒作。

从网络营销的角度来看，网络水军是可以发挥很大作用的，但是同时网络水军也会对网络环境产生一定的负面影响，在商业竞争中很有可能成为一种不正当的竞争手段。比如，在竞争对手推出了新产品的时候，有些企业就会雇用水军来对其产品进行打压，通过舆论来破坏其产品的形象等。国外一些机构也有可能会利用网络水军达到其在网络上，对国内的政治、社会形态等方面进行负面评论，达到其破坏我国社会和谐的目的。

新媒体的出现给了人们更多的发言权，也让大家有了更多可以发表观点的机会和渠道，不过有的时候，原本只是很小的事情，经过“网络水军”的发酵和演绎之后，很有可能就会成为热门话题，代表不同观点的舆论力量也会形成。“网络水军”比较常见的作用形式是，在门户网站、贴吧、论坛等地方发帖留言，在发表言论的时候，植入信息、突出问题、吸引网友，比如，先是就某一问题来发帖，然后网络水军大量留言，让该帖子关注度上升，甚至置顶，那么自然就受到了网友关注。

传统媒体形式下，人们通过各种规章制度可以对传播的内容和方式进行把关。但是在新媒体时代，信息的传递方式更加的多样化，网民简单的复制粘贴，就能够让信息广泛的传递，而且传递的过程中，信息的内容会慢慢失真，甚至偏离原来的方向。新媒体时代的用户，可以传播信息，也可以接收信息，他们有更多的机会、方式和权利去表达，不过当网络上已经形成了“多数意见”的时候，网友们自由表达的权利就会受到影响，“网络水军”就会轻易地掌握网络舆论的风向标。

第二节　新媒体在危机公关中的作用及应对原则

一、新媒体在危机公关中的作用

具备强大的危机公关处理能力的单位，能够在危机管理计划的指引下，灵活应对可能发生或已经发生的危机事件，尽可能地降低负面影响，甚至将危机转化为机遇。新媒体就像一把双刃剑，它在造成面临更多、更复杂的危机事件的情况的同时，也为其单位提供了解决危机的有效方式。

诸多实践案例已经充分证明，要想有效应对新媒体环境中的危机公关，就要充分发挥新媒体的作用。

1. 提供了一个较好的监测环境的窗口

美国学者哈罗德·拉斯韦尔（Harold Lasswell）在 20 世纪的中叶，就已经提出了传播的功能包括环境监测的观点。为了满足长期生存与发展的需求，人类需要及时了解内外部环境的变化，从而制定有效的应对策略。新媒体是具有传播功能的一种新的媒体形式，所以自然也是可以进行环境监测的。和人类同其他物种的竞争一样，图书馆也面对各种各样的竞争对手，而且在跨界融合及经济全球化的背景下，图书馆面临的竞争更激烈，从而使环境监测在危机公关中的作用进一步凸显。在移动互联网时代，所有的机构都要充分借助新媒体实时监测环境，灵活应对外部变化，争取在危机事件尚未造成较大的负面影响前将其制止。

2. 提供了一个快速回应危机的平台

当图书馆遇到危机需要公关时，可以借助各种各样的新媒体做出应对。

（1）利用微博等平台向外界实时公布最新的调查进度，为公众提供真实、权威、客观的信息。

（2）快速建立公布危机事件信息的专题网站或在图书馆官网开辟专题版块，实时更新调查及处理结果。

（3）举办线上新闻发布会，或由当事人以电话采访、视频直播的形式还原事件真相。

（4）在四大门户网站上发布公告。

（5）在负面评论较多的平台的首页添加权威信息发布渠道链接等。

3. 充当“意见领袖”，引导舆论

在图书馆遇到危机事件后，新媒体不仅可以快速、高效地传播最新的信息资讯，呼吁各方冷静下来协商处理，而且能够发挥其引导舆论的“意见领袖”的作用，从而让危机公关处理事半功倍。当然，引导舆论也需要有一定的技巧，图书馆需要坚持公平、诚信等原则，否则只会让事件愈发严重，给图书馆带来更严重的危害。

二、新媒体危机应对的基本原则

1. 注重把握规律

新媒体舆情从形成到结束，处于不断的发展变化之中。新媒体舆情像潮水涨落一样，也会出现涨落，涨落规律可以说是新媒体舆情变化的最基本规律。在涨落的过程中，新媒体舆情的发展变化过程呈现出倒V形或者单峰形、圆形、双峰形或者多峰形、波浪形等几种主要形态。倒 V 形或者单峰形的新媒体舆情来得快，去得也快，持续时间往往只有几天。圆形的新媒体舆情经历时间较长、多由一些重大突发事件引发。双峰形或者多峰形的新媒体舆情往往会多次反复。波浪形的新媒体舆情是长期性的社会现象或社会问题的舆情反映，只要该现象或社会问题持续存在，网民就会对其给予长期关注。

2. 迅速反应

随着新媒体的不断发展，公众参与社会管理、传播信息的方式都有所不同。近年来的很多网络舆情事件，都是由网民爆料引发，继而发酵扩散，再由传统媒体跟进，从网络舆论热点逐渐变为整个社会的舆论热点。在网络传播“一秒传千里”的效果下，迅速反应是新闻从业者的生命线，更是网络舆情工作者的重要原则。相关部门和机构必须及时对网上动态作出反应，才能牵引舆论走向，把握舆情处置话语权和主动权。而如果一味躲闪，不予回应，不仅不会放慢消息在网上扩散传播的速度，反而容易引发公众焦虑，导致事态扩大。如 2011 年故宫博物院连续遭遇文物失窃事件和文物受损事件，但院长持续不现身回应，且从文物损坏到被爆料之间近 30 天的时间，故宫未发布任何消息也未上报主管部门，引发网民对故宫管理的质疑。一系列事件反映出院方在民意沟通等方面长期存在缺陷，将原本可以通过回应沟通可以解决的事件硬生生“拖”成了网络舆情事件，使公众对国家文物管理产生不信任的情绪。

3. 依法科学处置舆情

在突发公共事件关联、治安管理等方面，我国已经制定了比较完善的法律法规，这些都是可以借鉴到网络舆情处置中的，而且在开展相关工作的时候，不仅要遵守现有的法规政策，做到依法办事，而且还需要注重科学性，这样才不会被舆论压制，也不会被媒体裹挟，只有依照法律办事，同时体现出公平性，保证公开公正，才能够还原事实，避免被不实信息或者是舆论假象牵着走，才能够在舆情处理中掌握主动权。只有处置方式合法合规，在实际操作中才能避免引发舆情的二次危机，避免后顾之忧。

4. 不卑不亢

一方面，不慌不怕，不堵不纵。在舆情事件中，舆情发生单位往往处于“被围观”的境地，曝光于公众监督之下，此时如果慌张应对、主观武断、乱下结论，容易乱中出错，使舆论形势进一步恶化，给处置工作带来被动。坦然而镇静地面对现实，有助于理性把握舆情处置的主动权，合理化解舆情。同时，网络舆情往往“来势凶猛”，如果只以“灭火”心态一味封杀，可能引起舆论对真相的追索，使得简单问题复杂化，引发舆论危机。但面对舆论压力一味妥协退让，进行“断腕切割”，也并非明智的做法。这样可能损害自身形象和切身利益，甚至成为众矢之的，激起舆论更多的“拍砖”。另一方面，敬畏民意，以人为本。网络舆情因人而产生，因人而传播，在网络舆论场里既要保持尊重的态度加强与网民的平等交流，也要在舆情处置时考虑民意的认可度与承受力，化解社会不满。

同时，对于网络舆情事件的当事人，也要注意给予必要的保护。

5. 职责明确

网络舆情事件的应对不但要快速，更要统一，以免造成民众不必要的误解。因此在进行舆情应对时，要明确各部门的职责权限、领导关系和责任，保证各部门之间的协调统一。对于不同类型的网络舆情，可能需要由不同层级、类型的指挥机构统一指挥，所以首先就应该按照网络舆情事件的不同要素，对其进行分类，然后将不同类别的网络舆情事件的处理责任对应到各级各部，同时也要提前对不同类型网络舆情事件的处理流程、处理原则进行规定，对应的部门需要按照职责要求进行舆情处理。

第三节　新媒体在危机管理中的应用策略

在不同的媒介环境中，危机会表现出不同的形态，所以在新媒体环境中的危机公关时也需要采用新的应对策略。在了解新媒体环境、危机公关的特征，以及新媒体在危机公关中扮演的角色后，我们可以制定有效的应对策略，降低危机的负面影响，甚至将危机转化为机遇。

新媒体的普遍应用大大提高了信息的传播速度，扩大了信息的触达范围，这对图书馆的危机处理能力提出了更高的要求。图书馆要提前做好预防工作，提高自身的危机应对能力，利用先进的技术手段提高自身的信息获取能力，并启动预警系统，实现不同部门之间的信息共享。为此，图书馆应及时了解当前政府相关部门推出的新政策，把握公众舆论的方向，提高自身的管理能力，充分调动各个部门的积极性，在预警系统发出提示后迅速提出应对方案，并通过方案的执行降低风险，在危机扩大之前予以解决或竭尽全力加以弥补。危机发生后要及时应对。当危机出现后，图书馆需派遣专业人员处理危机。在短时间内把握事态的发展，对危机产生的原因及性质进行评估，迅速提出有效的应对措施；根据公众的反映，采取适当的策略减少危机的影响，并尽快消除负面信息带来的影响。

新媒体在图书馆危机管理中的应用策略，如图 7-1 所示。

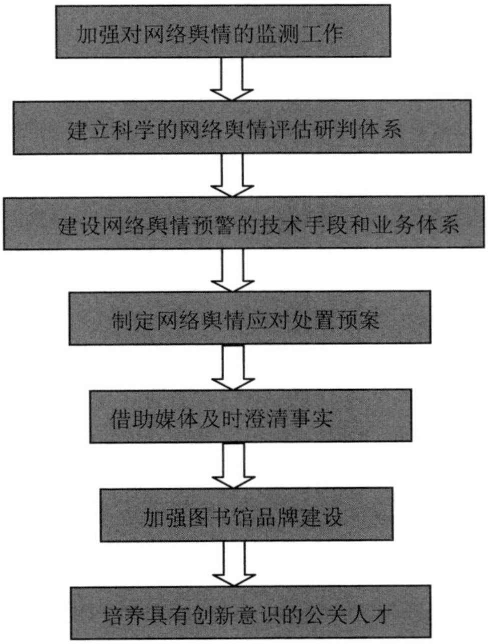

图 7-1　新媒体在图书馆危机管理中的应用策略

一、加强对网络舆情的监测工作

网络舆情采集监测范围包括新闻网站、帖吧、论坛、博客、社交网站、微博、微信、音视频网站等。不仅要从格式方面对搜集的信息进行统一，而且要清理无用信息，统计有用数据。在新闻评论中，要提炼关键信息，包括新闻标题、主要内容、发布时间、点击量、评论量、评论内容等。而对于论坛中的帖子，也应该与新闻一样，提炼和记录关键信息，这些信息最后都需要进行格式化处理。通过上述方式做好对网络舆情的监测工作，从而为下一步开展网络舆情评估做好准备。

二、建立科学的网络舆情评估研判体系

网络舆情评估，除了舆情监测的定量指标之外，还应建立定性指标，用于了解网民的情感态度和网上内容（文章、帖子）等的情感特征。如心理特征指标（通常对一篇文章持什么意见，包括不活跃、活跃、从众/中庸、情感强烈、反对、支持等）；态度倾向性指标（态度是正面、负面还是中立）等。然后通过对网上内容中表示情感的特定词汇进行预先分析处理，对评论中涉及的情感词汇进行统计，从而得到评论的正负取向。现在已经有一些专业的软件，可以自动阅读文章，并且提炼文章中表达观点、态度的关键词，从而分析出文章的倾向性。

三、建设网络舆情预警的技术手段和业务体系

无论是网络舆情信息的采集和分析，还是对根据分析结果通过构建指标体系对网络舆情进行评估，最终目的是要对网络舆情做出预警，及时布置、防风险于未然，打信息安全的主动仗。目前，实现网络预警主要是通过建立案例知识库、人物库、敏感词库等知识库，根据已往突发事件的发生态势，结合舆情指标体系及舆情态势分析结果，建立舆情预警业务模型。

四、制定网络舆情应对处置预案

针对有可能会出现的网络舆情，应该提前制定好应对的方案，即处置预案。通常预案应该是一个体系，不但有一般情况下的预案，还要有针对不同事件类型和发展模式的各类典型预案，如周期性网络舆情事件处置预案等。应该由领导牵头，成立专门的团队，由相关的专家组成，为网络舆情的应对提供咨询。同时，还应完善网络舆情事件处置管理法制框架，使网络舆情事件的应急处置更加制度化和法制化。在突发公共事件的应对方面，国家已经制定了预案，并且形成了具体的框架，这个是值得参考和借鉴的。结合网络舆情事件处置的特点，一般网络舆情事件处置预案可包括六部分内容：概况、预测预警、处置响应、恢复观察、处置保障、培训评估。

1. 概况

本部分可通过分析相关网络舆情事件的特性，制定事件处置的方针、原则、目的、适用范围等，同时针对事件的严重程度和影响范围确定事件的分级，从而针对不同的情况分级启动预案，确定相应的处置领导机构，落实领导责任，采取相应的应对方式和手段。

2. 预测预警

通过预测预警，可对潜在或可能事件采取预防和控制措施或发布预警信息。预测预警体系应结合以往经验和事件特点进行，并建立预警专家咨询队伍。网络舆情事件本身就是具有复杂性的，所以要对其进行预测预警，需要一整套完整的体系，它既要求有严密的网上监测系统，也需组织、人员、制度等保障。我国在国防、消防、卫生等领域已建立了预警组织体系。建立网络舆情事件预警组织体系要建立各相关职能部门参与的横向体系，形成不同机构间的信息共享；同时，还应建立各级相关职能部门的纵向体系。

3. 处置响应

建立预案的分级响应机制。在预案启动时，保证各机构人员明确自身职责，哪些部门负责协调、哪些部门负责现场以及各个部门之间的关系等都应有明确的规定。明确预案实施的流程和步骤，快速采取相应的处置手段，同时明确处置预案实施结束的标志。在处置响应中，要建立有力的协调机制，做到统一指挥、分工协作，并实现信息共通共用。

4. 恢复观察

在实施处置后，舆情事件将逐渐衰退，但由于网络舆情存在随机性、传染性等不易预测的特性，在事件趋于平稳后不能立即终止预案，应经过一个更长时间的观察，以防事件出现突然激化或向其他方向转化的情况。同时，应及时调查、总结舆情事件中反映出来的更深层次的问题，力求加以解决。这样才能从根源上防止类似的事件再次发生，达到舆情事件处置的更高要求和最终目标。

5. 处置保障

虽然网络舆情事件的发生发展场所主要是在虚拟的互联网空间，但在处置中必然与现实空间发生关联，必须建立必要的保障措施，包括物资、通信、基础设施、技术等多个方面，涉及多个部门的时候也要注意协调相关关系。同时，还应针对事件的发展，对易出现问题的地方予以评估并给予重视，建立互助保障机制。

6. 培训评估

预案制定后必须进行培训甚至演练，加强相关机构和人员的学习贯彻，才能保障预案的快速有效实施。培训应该有一个具体的、可操作的方案，绝不能是走过场。同时，处置预案应一直通过评估、修订，处在不断完善、与时俱进的过程中。在预案实施前对其进行评估，可从预案编制原则、构成要素等方面着手进行，评价预案制定的科学性、内容的完备性等；在预案实施后对其进行评估，可以根据实施情况了解预案编制的合理性和可操作性，评价预案实施的效果。预案的评估应建立综合、客观、科学的指标体系，同时根据评估结果认真对预案进行修订，并加以培训。

五、借助媒体及时澄清事实

危机的发生通常具有突发性的特点，且在很多情况下超出预料。面对此类问题，图书馆要及时出台有效措施、及时应对，在这个过程中，一方面要对危机事件有效分析，找出危机的源头，将事态发展维持在自己能够控制的范围内；另一方面，在制定好相应的措施后，要利用媒介渠道迅速向社会发布，防止流言的产生与大范围扩散。

六、加强图书馆品牌建设

在市场竞争愈发激烈和残酷的背景下，加强图书馆品牌建设是打造核心竞争力的重要手段，也是应对危机的有力武器。拥有较强品牌影响力的图书馆更容易获得社会大众的信任。当图书馆出现负面舆情时，很多忠实读者甚至会自发组织起来抵制谣言；即便图书馆真的要为事件负责，也更容易获得公众的谅解。发生危机事件的图书馆要通过新闻媒体向公众表明自己的态度。新闻发言人负责揭露事情的真相，向公众传达图书馆的理念以及目前正在积极采取的各项措施，对事情的真相进行还原，并保证在公布信息时不会泄露图书馆的重要机密，争取获得媒体记者与公众的谅解。此外，图书馆应任命专人发布信息，为媒体运营方提供全面的事件解读信息，避免媒体捕风捉影，传播不利于图书馆的负面消息。

七、培养具有创新意识的公关人才

人才竞争向来是市场竞争的焦点，应对危机公关也需要优秀人才的创新能力。造成危机的因素是多元化的，很多危机公关事件缺乏有效的借鉴经验，需要优秀人才充分发挥其创新能力，找到完善的解决方案。除了创新能力外，新媒体环境中的优秀公关人才还需要树立用户思维，在处理危机的时候能够主动地换位思考，能够借助新媒体，与公众实时交流互动，与其建立良好的信任关系，借助公众的反馈建议，快速处理危机事件。

参考文献

[1] 宋红梅. 大数据在媒体转型中的应用文献研究[D]. 北京印刷学院，2014.

[2] 刘思含. 人工智能时代主流媒体的舆论引导[J]. 传媒论坛期刊，2020.

[3] 陈微. 新媒体时代档案信息传播中的媒介运用研究[D]. 黑龙江大学，2016.

[4] 诸丽琴. 我国国家领导人新媒体媒介形象传播研究—以人民网历年“两会”温家宝总理记者招待会为例[D]. 苏州大学，2012.

[5] 沈岳. 新媒体在政府危机公关中的负面效应及政府对策研究[D]. 华中科技大学，2008.

[6] 王宁. 从“澎湃新闻看党报与新媒体融合的实践与趋势”[J]. 新闻研究导刊， 2017.

[7] 张嘉航. 新媒体在大学生思想政治教育中的运用研究[D]. 华北电力大学，2017.

[8] 张泽华. 新媒体环境下中华老字号的发展困境分析及其对策[D]. 黑龙江大学，2015.

[9] 李岩，曾维伦，何海涛. 新媒体环境下的大学生思想政治教育新载体探析[J]. 重庆邮电大学学报（社会科学版），2010.

[10] 谭贤. 新媒体运营从入门到精通[M]. 北京：人民邮电出版社，2017.

[11] 加里・维纳查克. 新媒体营销圣经[M]. 北京：北京联合出版有限责任公司，2016.

[12] 谭静. 新媒体营销运营实战 208 招[M]. 北京：人民邮电出版社，2017.

[13] 唐绪军. 皮书系列・新媒体蓝皮书：中国新媒体发展报告 No. 8（2017）[M]. 北京：社会科学文献出版社，2017.

[14] 秋叶，刘勇. 新媒体营销概论[M]. 北京：人民邮电出版社，2017.

[15] 杜一凡. 新媒体营销完全攻略[M]. 北京：人民邮电出版社，2017.

[16] 陈永东. 赢在新媒体思维：内容、产品、市场及管理的革命[M]. 北京：人民邮电出版社，2016.

[17] 勾俊伟，哈默，谢雄. 新媒体数据分析：概念、工具、方法[M]. 北京：人民邮电出版社，2017.

[18] 于雷霆. 引爆直播：重构营销模式的七个关键法则[M]. 北京：电子工业出版社，2017.

[19] 刘向东. 一本书读懂虚拟现实[M]. 北京：清华大学出版社，2017.

[20] 丹•诺里斯. 内容的力量：如何用网络内容营销塑造商业品牌[M]. 李立心译. 广州：广东经济出版社，2017.

[21] 舒扬. 共鸣：内容运营方法论[M]. 北京：机械工业出版社，2017.

[22] 晏青. 社交媒体营销战商业营销新思维[M]. 北京：经济日报出版社，2016.

[23] 秋叶，萧秋水，刘勇. 微博营销与运营[M]. 北京：人民邮电出版社，2017.

[24] 宫承波. 新媒体概论[M]. 5 版. 北京：中国广播影视出版社，2016.

[25] 刘永昶. 新媒体概论[M]. 南京：南京大学出版社，2014.

[26] 崔义超. 社群媒体[M]. 北京：机械工业出版社，2017.

[27] 匡文波. 新媒体舆论：模型、实证、热点及展望[M]. 北京：中国人民大学出版社，2014.

[28] 郑杭生. 社会学概论新修[M]. 4 版. 北京：中国人民大学出版社，2013.

[29] 吴晨光. 自媒体之道[M]. 北京：中国人民大学出版社，2018.

[30] 林刚. 新媒体概论[M]. 北京：中国传媒大学出版社，2014.

[31] 尼古拉斯•盖恩. 新媒介：关键概念[M]. 上海：复旦大学出版社，2015.

[32] 黄传武，齐林泉，王秋生，等. 新媒体概论[M]. 北京：中国传媒大学出版社，2013.

[33] 李凌凌. 传播学概论[M]. 2 版. 郑州：郑州大学出版社，2014.

[34] 申晨. 全民社交[M]. 北京：北京联合出版公司，2015.

[35] 丁林. 超越平台的原生内容运营：企业新媒体运营与管理[M]. 北京：电子工业出版社，2018.

[36] 淘宝大学达人学院. 爆款短视频内容打造与传播. [M]. 北京：电子工业出版社，2017.

[37] 向登付. 短视频：内容设计+营销推广+流量变现[M]. 北京：电子工业出版社，2018.

[38] 周艳. 新媒体理论与实务[M]. 北京：中国传媒大学出版社，2014.

[39] 张宇微. 新媒体运营实战：品牌定位、内容规划、引流推广、营销转化[M]. 北京：人民邮电出版社，2018.

[40] 冯英健. 实用网络营销教程[M]. 北京：清华大学出版社，2012.

[41] 刘东明. 微博营销[M]. 北京：清华大学出版社，2012.

[42] Liana Li Evans. 社会化媒体营销技巧与策略[M]. 北京：电子工业出版社，2012.

[43] 安福双，钟建辉. 5G 与 AR/VR 的融合[M]. 北京：电子工业出版社，2020

[44] 翟尤，谢呼. 5G 社会：从“见字如面”到“万物互联”[M]. 北京：电子工业出版社，2019.

[45] 陈凤娟. 大数据时代图书馆的新媒体营销策略[J]. 图书馆学刊，2014 年（11）.

[46] 马智娟，陈永刚. 高校图书馆微信公众号的营销研究[J]. 现代信息科技，2018（2）.

[47] 乐思诗. 高校图书馆微信营销现状研究—以浙江省高校图书馆为例[J]. 大学图书情报学刊，2018（2）.

[48] 赵莉娜，王丹丹. 高校图书馆现代公共文化服务的新媒体营销策略研究[J]. 内蒙古科技与信息，2019（10）.

[49] 刘媛. 基于虚拟和增强现实的图书馆服务营销策略[J]. 图书情报导刊，2020（5）.

[50] 张楠. 美国大学图书馆社交媒体营销及对我国的启示[J]. 图书馆工作与研究，2020（6）.

[51] 刘兰. 全媒体时代高校图书馆的营销策略研究[J]. 图书馆建设，2013（2）.

[52] 马江宝. 新媒体环境下高校图书馆立体营销模式研究[J]. 图书馆研究，2014（6）.

[53] 邓榕，刘琼. 网络视频营销的问题及对策[J]. 新闻界，2011（1）.

[54] 何迪. 网络视频营销创新模式新探[J]. 通化师范学院学报，2012（7）.

[55] 郭淑娟. 论社会性媒体的概念及发展中面临的问题[J]. 新闻界，2011（3）.

[56] 吴海兵. 中小企业论坛营销运作策略初探[J]. 中国商贸，2011（1）.

[57] 杨美. 小议网络营销之微博营销的发展及前景[J]. 经营管理者，2013（2）.

[58] 刘洋. Web3. 0 下博客营销及价值分析[J]. 电子商务，2010（8）.

[59] 张亚明，许妍妍，刘海鸥. 企业网络社区营销价值、机理及模式研究[J]. 企业经济，2011（12）.

[60] 沈一超. 我国 SNS 网站的营销策略研究[J]. 中国传媒大学，2009（5）.

[61] 李婷. SNS 对销售促进的价值研究[J]. 南京师范大学，2011（3）.

[62] 中国 SNS 和微博用户行为研究报告简版 2011—2012 年[D]. 艾瑞网，2012.

[63] 飞立传播. 飞立传播打造数字电视广告盛宴[J]. 广告大观（综合版），2011（8）.

[64] 杨兴文. 浅析数字电视 EPG 的广告模式[J]. 有线电视技术，2009（7）.

[65] 李子. 浅析数字电视互动广告的特性及优势[J]. 湛江师范学院学报，2010（8）.

[66] 王丹丹. 出版社十大数字化营销方式探析[J]. 编辑之友，2010（5）.

[67] 黎海英. 谈多媒介融合下书刊“病毒营销”实施要素[J]. 出版发行研究，2011（3）.

[68] 刘涛，高健. 微博营销：网络时代的图书营销新体验[J]. 出版发行研究，2010（5）.

[69] 张彦. 浅析出版社微博营销的几种模式[J]. 科技与出版，2011（7）.

[70] 赵冰. SNS 病毒传播操作法[J]. 国际公关，2010（5）.

[71] 胡卫夕，宋逸. 微博营销[M]. 北京：机械工业出版社，2011.

[72] 聂艳梅，程洁. 中国网络视频贴片广告的发展现状与发展趋势研究[J]. 广告大观（理论版），2011（8）.

[73] 马楠. 尖叫感：互联网文案创意思维与写作技巧[M]. 北京：北京理工大学出版社，2016.

[74] 胡百精. 危机传播管理——流派、范式与路径[M]. 北京：中国人民大学出版社，2009.

[75] 丁俊杰，张树庭，李未柠. 网络舆情及突发公共事件：危机管理经典案例[M]. 北京：中共中央党校出版社，2010.